Nuestra misión es

ESTABLECER A LAS PERSONAS EN LA PALABRA DE DIOS

En Ministerios Precepto creemos que la única respuesta verdadera para impactar a nuestro tan necesitado mundo es *una vida transformada* por la poderosa Palabra de Dios. Con esto en mente, nos estamos movilizando para alcanzar al mundo hispano con el fin de que aprenda a "usar bien la Palabra de Verdad". Para ello, actualmente estamos ofreciendo **entrenamiento gratuito** en las destrezas necesarias para el Estudio Bíblico Inductivo.

¡Únetenos en esta maravillosa experiencia de conocer la metodología inductiva y de aprender a usar nuestra serie de "40 Minutos"!

Puedes comunicarte con nosotros:

Llamándonos al 1-866-255-5942
O enviarnos un email a nuestra dirección: wcasimiro@precept.org

También puedes escribirnos solicitando más información a:
Precept Ministries International
Spanish Ministry
P.O. BOX 182218
Chattanooga, TN 37422
O visitar nuestra página WEB: www.precept.org

Estamos a tu completa disposición, pues estamos convencidos que existimos para cooperar juntamente con la iglesia local con el fin de ver a nuestro pueblo viviendo como ejemplares seguidores de Jesucristo, que estudian la Biblia inductivamente, miran al mundo bíblicamente, hacen discípulos intencionalmente y sirven fielmente a la iglesia en el poder del Espíritu Santo.

40 Minutos
DE ESTUDIO BÍBLICO

PROGRAMA DE
ESTUDIO
EN 6 SEMANAS

EL PERDÓN:

ROMPIENDO

EL PODER DEL

PASADO

**MINISTERIOS
PRECEPTO
INTERNACIONAL**

KAY ARTHUR
DAVID & BJ LAWSON

EL PERDÓN: ROMPIENDO EL PODER DEL PASADO
PUBLICADO EN INGLÉS POR WATERBROOK PRESS
12265 Oracle Boulevard, Suite 200
Colorado Springs, Colorado 80921
Una división de Random House Inc.

Todas las citas bíblicas son tomadas de la Nueva Biblia Latinoamericana de Hoy, Texto basado en La Biblia de las Américas®. © Copyright 1986, 1995, 1997 de la Fundación Lockman.
Usadas con permiso (www.Lockman.org).

ISBN 978-1-62119-019-6

Copyright 2007 por Ministerios Precepto Internacional.

Precepto, Ministerios Precepto Internacional, Ministerios Precepto Internacional Especialistas en el Método de Estudio Inductivo, la Plomada, Precepto Sobre Precepto, Dentro y Fuera, ¡Más Dulce que el Chocolate! Galletas en el Estante de Abajo, Preceptos para la Vida, Preceptos de la Palabra de Dios y Ministerio Juvenil Transform son marcas registradas de Ministerios Precepto Internacional

WATERBROOK y el diseño del venado del logotipo son marcas registradas de Waterbrook Press; una división de Random House Inc.

2012 – Edición Estados Unidos

CÓMO USAR ESTE ESTUDIO

Este estudio bíblico inductivo ha sido diseñado para grupos pequeños que estén interesados en conocer la Biblia, pero que dispongan de poco tiempo para reunirse. Resulta ideal, por ejemplo, para grupos que se reúnen a la hora de almuerzo en el trabajo, para estudios bíblicos de hombres, para grupos de estudios de damas o para clases pequeñas de Escuela Dominical. También es muy útil para grupos que se reúnan durante períodos más largos—como por las noches o sábados por la mañana—que sólo quieran dedicar una parte de su tiempo al estudio bíblico; reservando el resto del tiempo para la oración, comunión y otras actividades.

Este libro está diseñado de tal forma que el propio grupo complete la tarea de cada lección *al mismo tiempo que se realiza el estudio.*

Sin embargo, se necesitará de un moderador que dirija al grupo—alguien que procure que la discusión se mantenga activa. La función de esta persona no es la de conferenciante o maestro; sin embargo, al usar este libro en una clase de Escuela Dominical, o en una reunión similar, el maestro deberá sentirse en libertad de dirigir el estudio de forma más abierta, brindando observaciones complementarias, además de las incluidas en la lección semanal.

Si *eres* el moderador del grupo, a continuación encontrarás algunas recomendaciones que te ayudarán a hacer más fácil tu trabajo:

• Antes de dirigir al grupo, revisa toda la lección y marca el texto. Esto te familiarizará con su contenido y te capacitará para ayudar al grupo con mayor facilidad. La dirección del grupo te será más cómoda si tú mismo sigues las instrucciones de cómo marcar y si escoges un color específico para cada símbolo que marques.

• Al dirigir el grupo, comienza por el inicio del texto leyéndolo en voz alta según el orden que aparece en la lección; incluye además los "cuadros de aclaración" que podrían aparecer después de las instrucciones y en medio de tus observaciones o de la discusión. Trabajen juntos la lección, observando y discutiendo todo cuanto aprendan. Al leer los versículos bíblicos, pide que el grupo diga en voz alta la palabra que está marcándose en el texto.

• Las preguntas de discusión sirven para ayudarte a cubrir toda la lección. A medida que la clase participe en la discusión, te irás dando cuenta de que ellos responderán las preguntas por sí mismos. Ten presente que las preguntas de discusión son para guiar al grupo en el tema, y no para suprimir la discusión.

• Recuerda lo importante que resulta para la gente la expresión de sus respuestas y descubrimientos; esto fortalece grandemente su entendimiento personal de la lección semanal. Asegúrate que todos tengan oportunidad de contribuir en la discusión semanal.

• Mantén la discusión activa. Esto podría significarles pasar más tiempo en algunas partes del estudio que en otras. De ser necesario, siéntete en libertad de desarrollar una lección en más de una sesión. Sin embargo, recuerda evitar avanzar a un ritmo muy lento. Puesto que es mejor que cada uno sienta haber contribuido a la discusión semanal, en otras palabras: "que deseen más", a que se retiren por falta de interés.

• Si las respuestas del grupo no te parecen adecuadas, puedes recordarles cortésmente, que deben mantenerse enfocados en la verdad de las Escrituras. Tu meta es aprender lo que la Biblia dice, y no el adaptarte a filosofías humanas. Sujétate únicamente a las Escrituras, y permite que Dios sea quien te hable ¡Su Palabra *es* verdad (Juan 17:17)!

EL PERDÓN: ROMPIENDO EL PODER DEL PASADO

Afuera, el crudo invierno penetraba el día con un rígido y punzante frío; adentro, una frialdad similar impregnaba el local de aquella particular iglesia. Entre las personas reunidas para el funeral, pude distinguir a veinte miembros de la familia que estaban ubicados, de manera esparcida, ocupando unas dieciocho bancas. Fragmentos de conversaciones flotaban en el aire, mientras yo aguardaba a que iniciara el servicio fúnebre.

"¡Pobre alma! ¡Vivió tan sola sus últimos días! ¡Es una vergüenza el que Juan no visitara a su madre más que un par de veces al año!"

"¿No habló contigo la tía María?" "¡No! ¡Y no le hablaré hasta que ella me hable primero!"

"¿Por qué Rita no vino al funeral?" "Pues porque ella se enojó en el funeral de mamá y no ha hablado con nadie de la familia desde entonces."

Al escuchar algunas de esas dolorosas e hirientes frases, en mi interior me preguntaba qué podría haber causado tan amargas divisiones dentro de esa familia; divisiones tan amargas, que ni en el funeral de un ser querido podrían sentarse juntos o procurarían evitar hablar mal acerca de algunos familiares ausentes.

Tristemente, las familias disfuncionales no son nada nuevo o poco frecuente en nuestros días. Y comenzando por Caín y Abel, la falta de perdón ha destruido y consumido incontables relaciones familiares. Sin embargo, y a pesar del hecho de que nuestras más profundas heridas pueden originarse en el seno familiar, el tema del perdón no es simplemente un asunto familiar; pues, el perdón realmente es un asunto interpersonal. Por esta razón, puede afirmarse con certeza que en todo tipo de relación habremos de buscar o extender el perdón en algún determinado momento.

Así que el tema del perdón nos incumbe a todos; y trae a nuestra mente incontables preguntas, incluyendo entre ellas las siguientes:

¿Cómo puedo perdonar cuando el dolor es tan grande?
¿Qué hay acerca de la venganza? ¿La otra persona podrá salirse con la suya, aún a pesar de lo que hizo?
¿Qué pasa si escojo no perdonar?
¿Puedo ser perdonado de mis errores pasados?
¿Perdonar significa que debo olvidar el pasado?

Y durante las siguientes seis semanas buscaremos juntos en la Biblia las respuestas a éstas y otras vitales preguntas. Finalmente, aprenderás que el perdón no solo limpia tu alma y libera tu mente, sino que también rompe las cadenas que te mantienen cautivo a la persona que te hizo mal.

A través de este estudio aprenderás cómo desatar el poder del perdón en tu vida; permitiéndole así que te impulse lejos del dolor y de las situaciones difíciles; liberándote de esta manera de tu doloroso pasado.

¿Has sido herido por otra persona? ¿Te has preguntado si algún día podrás superar ese dolor?

En esta semana veremos juntos la vida de José; un joven (que tenía algunos hermanos de distinta madre) quien fue grandemente maltratado y herido. Pero que, a pesar de todo, pudo vencer el poder de su doloroso pasado para así andar en una verdadera libertad.

Veamos qué podemos aprender de esta sorprendente historia de dolor, desilusión y perdón.

OBSERVA

Líder: *Lee Génesis 37:1-4, y pide al grupo que diga en voz alta y...*

- *Subraye toda referencia a **José**, incluyendo sus pronombres.*
- *Encierre en un círculo toda referencia a **sus hermanos**, incluyendo los sinónimos y pronombres.*

A medida que lees el texto, te será muy útil si le pides al grupo que diga las palabras clave en voz alta mientras las marcan. De esta manera podrán estar seguros de haberlas marcado todas, incluyendo cualquier sinónimo o frase. Procura hacer esto a lo largo del estudio.

DISCUTE

- ¿Qué aprendes al marcar José?

Génesis 37:1–4

^{1} Jacob habitó en la tierra donde había peregrinado su padre, en la tierra de Canaán.

^{2} Esta *es la historia de* las generaciones de Jacob: Cuando José tenía diecisiete años, apacentaba el rebaño con sus hermanos. El joven *estaba* con los hijos de Bilha y con los hijos de Zilpa, mujeres de su padre. Y José trajo a su padre malos informes sobre ellos.

³ Israel amaba a José más que a todos sus hijos, porque era para él el hijo de su vejez; y le hizo una túnica de muchos colores.

⁴ Y sus hermanos vieron que su padre amaba más a José que a todos ellos; *por eso* lo odiaban y no podían hablarle amistosamente.

Génesis 37:5–11

⁵ José tuvo un sueño y cuando se lo contó a sus hermanos, ellos lo odiaron aún más.

⁶ Y él les dijo: "Les ruego que escuchen este sueño que he tenido.

⁷ "Estábamos atando gavillas en medio del campo, y sucedió que mi gavilla se levantó y se puso derecha, y entonces las gavillas de ustedes se ponían alrededor y se inclinaban hacia mi gavilla."

• ¿Qué aprendiste acerca de la relación de José con sus hermanos? ¿Con su padre?

OBSERVA

Líder: *Lee en voz alta Génesis 37:5-11 y pide que el grupo...*
- *Encierre en un círculo todas las veces que aparecen* **los hermanos**, *incluyendo sus pronombres.*
- *Dibuje una nube como ésta alrededor de la palabra* **sueño**, *incluyendo sus pronombres, cada vez que aparezcan.*

DISCUTE

• ¿Hacia dónde señalaban los sueños de José? ¿Describían ellos el presente o el futuro?

- ¿Cómo respondieron los hermanos de José a sus sueños? ¿Pudieron ellos entenderlos? Explica tu respuesta.

- ¿Cómo respondió su padre al segundo sueño de José?

- Compara las respuestas de sus hermanos y de su padre en el versículo 11.

8 Y sus hermanos le dijeron: "¿Acaso reinarás sobre nosotros? ¿O acaso te enseñorearás sobre nosotros?" Y lo odiaron aún más por causa de sus sueños y de sus palabras.

9 José tuvo también otro sueño, y se lo contó a sus hermanos, diciendo: "He tenido otro sueño; y el sol, la luna y once estrellas se inclinaban ante mí."

10 Cuando se *lo* contó a su padre y a sus hermanos, su padre lo reprendió, y le dijo: "¿Qué es este sueño que has tenido? ¿Acaso yo, tu madre y tus hermanos vendremos a inclinarnos hasta el suelo ante ti?"

11 Sus hermanos le tenían envidia, pero su padre reflexionaba sobre lo que se había dicho.

Génesis 37:18–28

18 Cuando ellos lo vieron de lejos, y antes que se les acercara, tramaron contra él para matarlo.

19 Y se dijeron unos a otros: "Aquí viene el soñador.

20 "Ahora pues, vengan, matémoslo y arrojémoslo a uno de los pozos; y diremos: 'Una fiera lo devoró.' Entonces veremos en qué quedan sus sueños."

21 Pero Rubén oyó *esto* y lo libró de sus manos, y dijo: "No le quitemos la vida."

22 Rubén les dijo además: "No derramen sangre. Echenlo en este pozo del desierto, pero no le pongan la mano encima."

OBSERVA

Jacob envió a José a velar por el bienestar de sus hermanos y de los rebaños en Siquem. Y, aunque José sabía que sus hermanos lo odiaban y envidiaban, él obedeció las órdenes que habían sido dadas por su padre.

Líder: Lee Génesis 37:18-28 en voz alta y pide que el grupo...
- *Encierre en un círculo toda referencia a los **hermanos**, incluyendo los pronombres y sinónimos como **unos a otros**.*
- *Subraye toda referencia a **José**, incluyendo los pronombres.*

DISCUTE

- ¿Qué te revela este pasaje acerca de las relaciones entre José y sus hermanos?

• ¿Cuán celosos y de cuánto odio se llenaron los hermanos de José, según el versículo 18?

Esto dijo para poder librarlo de las manos de ellos y devolverlo a su padre.

²³ Y cuando José llegó a sus hermanos, lo despojaron de su túnica, la túnica de muchos colores que llevaba puesta.

²⁴ Lo tomaron y lo echaron en el pozo. El pozo estaba vacío, no había agua en él.

²⁵ Entonces se sentaron a comer, y cuando levantaron los ojos, vieron una caravana de Ismaelitas que venía de Galaad con sus camellos cargados de resina aromática, bálsamo y mirra, e iban bajando hacia Egipto.

²⁶ Y Judá dijo a sus hermanos: "¿Qué ganaremos con matar a nuestro hermano y ocultar su sangre?

²⁷ "Vengan, vendámoslo a los Ismaelitas y no pongamos las manos sobre él, pues es nuestro hermano, carne nuestra." Y sus hermanos *le* hicieron caso.

²⁸ Pasaron entonces los mercaderes Madianitas, y ellos sacaron a José, subiéndolo del pozo, y vendieron a José a los Ismaelitas por veinte *monedas* de plata. Y *éstos* se llevaron a José a Egipto.

• A medida que lees respecto al rechazo y el abuso que José sufrió por mano de sus hermanos, ¿empiezas a recordar alguna situación similar de abuso, odio, o celos? ¿Conoces individuos que hayan sido abusados por sus familias? Discute cómo les hizo sentir eso.

OBSERVA
Líder: *Lee Génesis 37:29-36. Pide que el grupo diga en voz alta y...*
- *Subraye toda referencia a **José**, incluyendo los pronombres.*
- *Encierre en un círculo toda referencia a **sus hermanos**, incluyendo los pronombres.*

DISCUTE

• ¿Qué aprendiste acerca de Rubén, y de los otros hermanos, en este pasaje? ¿Cómo eran ellos? ¿Qué estaban haciendo?

29 Cuando Rubén volvió al pozo, José ya no estaba en el pozo. Entonces rasgó sus vestidos;

30 y volvió a sus hermanos y *les* dijo: "El muchacho no está *allí* ; y yo, ¿adónde iré?"

31 Así que tomaron la túnica de José, mataron un macho cabrío, y empaparon la túnica en la sangre.

• ¿Cómo afectaron las decisiones de ellos a su padre?

32 Entonces enviaron la túnica de muchos colores y la llevaron a su padre, y dijeron: "Encontramos esto. Te rogamos que *lo* examines para *ver* si es la túnica de tu hijo o no."

33 El la examinó, y dijo: "Es la túnica

de mi hijo. Una fiera lo ha devorado. Sin duda José ha sido despedazado."

[34] Jacob rasgó sus vestidos, puso cilicio sobre sus lomos y estuvo de duelo por su hijo muchos días.

35 Todos sus hijos y todas sus hijas vinieron para consolarlo, pero él rehusó ser consolado, y dijo: "Ciertamente enlutado bajaré al Seol (región de los muertos) por causa de mi hijo." Y su padre lloró por él.

[36] Mientras tanto, los Madianitas lo vendieron en Egipto a Potifar, oficial de Faraón, capitán de la guardia.

• ¿Qué le ocurrió a José?

• Los padres a menudo son heridos por las acciones de sus hijos. ¿Conoces padres que hayan sido heridos por algo que sus hijos hicieron? Discute al respecto.

OBSERVA

Algunos años después que los hermanos de José lo vendieran como esclavo, él interpretó acertadamente el sueño del Faraón prediciendo que Egipto tendría siete años de abundancia seguidos por siete años de hambruna. Debido a esto, Faraón ascendió a José –quien había sido un esclavo- como segundo al mando por sobre todo Egipto.

Durante los años de abundancia, José almacenó una inmensa cantidad de grano; y, cuando los siete años de hambruna llegaron, él abrió las bodegas para vender ese grano a los pueblos de todas partes de la tierra. Esta cadena de eventos guiaría a José al encuentro con sus hermanos, veintidós años después que ellos lo traicionaran.

Líder: Lee Génesis 42:1-17 en voz alta y pide que el grupo…
- *Subraye toda referencia a **José**, incluyendo los pronombres.*
- *Encierre en un círculo toda referencia a **sus hermanos**, incluyendo los pronombres y sinónimos como **hijos de Israel**.*

Génesis 42:1–17

1 Viendo Jacob que había alimento en Egipto, dijo a sus hijos: "¿Por qué se están mirando?

2 "He oído que hay alimento en Egipto," añadió; "desciendan allá, y compren de allí *un poco* para nosotros, para que vivamos y no muramos."

3 Entonces diez hermanos de José descendieron para comprar grano en Egipto.

4 Pero Jacob no envió con sus hermanos a Benjamín, hermano de José, porque dijo: "No sea que le suceda algo malo."

5 Los Israelitas fueron junto con los

que iban a comprar *grano*, pues también había hambre en la tierra de Canaán.

DISCUTE

• ¿Qué aprendiste al marcar las referencias a los hermanos de José?

⁶ Y José era el que mandaba en aquel país. El era quien vendía a todo el pueblo de la tierra. Cuando los hermanos de José llegaron, se postraron ante él rostro en tierra.

⁷ Al ver José a sus hermanos, los reconoció, pero fingió no conocerlos y les habló duramente. Y les dijo: "¿De dónde han venido?" "De la tierra de Canaán para comprar alimentos," le respondieron ellos.

• ¿Qué decían ser ellos, en el versículo 11? ¿En realidad lo eran?

⁸ José había reconocido a sus hermanos, aunque ellos no lo habían reconocido a él.

• ¿Qué resulta tan importante, respecto a este pasaje? ¿Qué acción realizaron los hermanos, cuando fueron presentados ante José?

• ¿Qué te dice esto acerca de Dios? ¿Acerca de los sueños de José? ¿Era todo eso una simple coincidencia, o era Dios obrando? Discútelo.

⁹ José se acordó de los sueños que había tenido acerca de ellos, y les dijo: "Ustedes son espías. Han venido para ver las partes indefensas de nuestra tierra."

¹⁰ "No, señor mío," le dijeron ellos, sino que tus siervos han venido para comprar alimentos.

¹¹ "Todos nosotros somos hijos de un mismo padre. Somos hombres honrados, tus siervos no son espías."

¹² "No, sino que ustedes han venido para ver las partes indefensas de nuestra tierra," les dijo.

¹³ Pero ellos dijeron: "Tus siervos eran doce hermanos, hijos del mismo padre en la

tierra de Canaán; y el menor está hoy con nuestro padre, y el otro ya no existe."

14 Entonces José les dijo: "Es tal como les dije: ustedes son espías.

15 "En esto serán probados; por vida de Faraón que no saldrán de este lugar a menos que su hermano menor venga aquí.

16 "Envíen a uno de ustedes y que traiga a su hermano, mientras ustedes quedan presos, para que sean probadas sus palabras, *a ver si hay* verdad en ustedes. Y si no, ¡por vida de Faraón!, ciertamente son espías."

17 Y los puso *a todos* juntos bajo custodia por tres días.

• ¿Cómo trató José a sus hermanos? ¿Por qué los trató de esa manera, y cuál fue el resultado?

OBSERVA

Líder: *Lee en voz alta Génesis 42:21-24 y pide que el grupo...*

- *Subraye toda referencia a **José**, incluyendo los pronombres.*
- *Encierre en un círculo toda referencia a **sus hermanos**, incluyendo los pronombres.*
- *Marque la palabra **pecado** con una raya diagonal, como ésta:* **/**

DISCUTE

- ¿Qué nueva observación obtuviste acerca de cómo respondió José cuando sus hermanos lo echaron en el pozo?

- ¿Le has suplicado a alguien que deje de hacer algo que está mal o que causa mucho dolor? ¿Qué sucedió?

- ¿Qué aprendiste al marcar las referencias a los hermanos, en este pasaje?

Génesis 42:21–24

21 Entonces se dijeron el uno al otro: "Verdaderamente somos culpables en cuanto a nuestro hermano, porque vimos la angustia de su alma cuando nos rogaba, y no lo escuchamos, por eso ha venido sobre nosotros esta angustia."

22 Rubén les respondió: "¿No les dije yo: 'No pequen contra el muchacho' y no me escucharon? Ahora hay que rendir cuentas por su sangre."

23 Ellos, sin embargo, no sabían que José los entendía, porque había un intérprete entre él y ellos.

24 Y se apartó José de su lado y lloró. Cuando volvió a ellos y les habló, tomó de entre ellos a Simeón, y lo ató a la vista de sus hermanos.

• ¿Qué hizo José cuando escuchó a sus hermanos hablando acerca de lo que le habían hecho? ¿Qué te revela esto acerca de él?

• ¿Qué te dice este pasaje, acerca de la culpa del pecado?

OBSERVA

Cuando los hermanos volvían de Egipto, dejando a Simeón atrás, José hizo que les fuera escondido en sus sacos de grano el dinero que ellos habían pagado. Lo cual sirvió como una prueba, diseñada para romper sus duros corazones.

El hambre continuaba en la tierra y ellos volvieron a Egipto con Benjamín, tal como José lo había solicitado. Al llegar, Simeón les fue devuelto y recibieron más grano; sin embargo, cuando sus hermanos se disponían a regresar a casa, Benjamín fue arrestado acusado de haber robado una copa de plata (que había sido escondida en su saco por orden de José) y todos tuvieron que volver al palacio. Se trataba, pues, de otra prueba dirigida a llevarlos al punto del quebrantamiento.

Finalmente, Judá intercedió por el muchacho y se ofreció en lugar de Benjamín; mostrando un cambio en su corazón, que manifestaba arrepentimiento en lo concerniente a lo que habían hecho con José.

Líder: Lee Génesis 45:1-15 en voz alta. Pide que el grupo...
- *Subraye toda referencia a **José**, incluyendo sus pronombres.*
- *Encierre en un círculo toda referencia a **sus hermanos**, incluyendo los pronombres.*

DISCUTE

- Brevemente resume los eventos mostrados en el pasaje.

Génesis 45:1–15

1 José ya no pudo contenerse delante de todos los que estaban junto a él, y exclamó: "Hagan salir a todos de mi lado." Y no había nadie con él cuando José se dio a conocer a sus hermanos.

2 Lloró tan fuerte que *lo* oyeron los Egipcios, y la casa de Faraón se enteró *de ello*.

3 José dijo a sus hermanos: "Yo soy José. ¿Vive todavía mi padre?" Pero sus hermanos no podían contestarle porque estaban atónitos delante de él.

4 Y José dijo a sus hermanos: "Acérquense ahora a mí." Y ellos se acercaron, y les

dijo: "Yo soy su hermano José, a quien ustedes vendieron a Egipto.

• ¿Qué aprendes al marcar las referencias a José?

5 "Ahora pues, no se entristezcan ni les pese el haberme vendido aquí. Pues para preservar vidas me envió Dios delante de ustedes.

6 "Porque en estos dos años *ha habido* hambre en la tierra y todavía quedan otros cinco años en los cuales no habrá ni siembra ni siega.

• ¿José negó o ignoró la maldad de sus hermanos?

7 "Dios me envió delante de ustedes para preservarles un remanente en la tierra, y para guardarlos con vida mediante una gran liberación.

• ¿Cómo trató José a sus hermanos?

8 "Ahora pues, no fueron ustedes los que me enviaron aquí, sino Dios. El

- ¿Qué te dice esto acerca de José? ¿Acerca de su creencia y relación con Dios?

- ¿Esperó José a que sus hermanos le pidieran perdón, antes de él ofrecérselos? ¿Qué lecciones encuentras aquí para tu propio comportamiento? Discute tu respuesta.

me ha puesto por padre de Faraón y señor de toda su casa y gobernador sobre toda la tierra de Egipto.

9 "Dense prisa y suban adonde mi padre, y díganle: 'Así dice tu hijo José: "Dios me ha hecho señor de todo Egipto. Ven a mí, no te demores.

10 "Y habitarás en la tierra de Gosén, y estarás cerca de mí, tú y tus hijos y los hijos de tus hijos, tus ovejas y tus vacas y todo lo que tienes.

11 "Allí proveeré también para ti, pues aún quedan cinco años de hambre, para que no caigas en la miseria tú, ni tu casa y todo lo que tienes."'"

12 "Y ahora, los ojos de ustedes y los ojos de mi hermano Benjamín ven que es mi boca la que les habla.

13 "Notifiquen, pues, a mi padre toda mi gloria en Egipto y todo lo que han visto; dense prisa y traigan aquí a mi padre."

14 Entonces se echó sobre el cuello de su hermano Benjamín, y lloró. Y Benjamín *también* lloró sobre su cuello.

15 Y besó a todos sus hermanos, y lloró sobre ellos. Después sus hermanos hablaron con él.

• En lugar de guardar amargura o de devolverles odio por odio, José pudo ver más allá de sus hermanos para contemplar la mano de Dios. A menudo, nosotros interpretamos nuestras tragedias como injusticias o castigos recibidos por faltas desconocidas. Pero necesitamos entender que en ocasiones Dios lleva a Sus hijos al sufrimiento, con la intención de que Él pueda sacar algún bienestar mayor de aquel mismo sufrimiento. ¿Podrías pensar en alguna ocasión en que hayas visto a Dios obrando de esta forma?

Líder: Si el tiempo así lo permite, invita a alguien del grupo a compartir una experiencia personal en que haya visto a Dios sacando algo bueno del sufrimiento.

OBSERVA

La familia aceptó la invitación de José y se mudó a Egipto para vivir bajo su generoso cuidado. Pero, varios años después, la muerte de Jacob generó una nueva preocupación entre los hermanos de José. Veamos su conversación.

Líder: Lee en voz alta Génesis 50:15-21. Pide que el grupo...
- *Subraye toda referencia a **José**, incluyendo los pronombres.*
- *Marque con una **X** grande todas las veces que aparece la palabra **perdón**.*

DISCUTE

- Una vez que su padre había muerto, ¿cuál era la preocupación de los hermanos de José? ¿Ésta parecía ser una preocupación válida? Explica tu respuesta.

- ¿Es éste el primer registro de la confesión de su pecado, por parte de los hermanos de José?

Génesis 50:15–21

15 Al ver los hermanos de José que su padre había muerto, dijeron: "Quizá José guarde rencor contra nosotros, y de cierto nos devuelva todo el mal que le hicimos."

16 Entonces enviaron *un mensaje* a José, diciendo: "Tu padre mandó a decir antes de morir:

17 'Así dirán a José: "Te ruego que perdones la maldad de tus hermanos y su pecado, porque ellos te trataron mal."' Y ahora, te rogamos que perdones la maldad de los siervos del Dios de tu padre." Y José lloró cuando le hablaron.

18 Entonces sus hermanos vinieron

también y se postraron delante de él, y dijeron: "Ahora somos tus siervos."

• ¿Qué se confirma acerca de José, en este pasaje?

¹⁹ Pero José les dijo: "No teman, ¿acaso estoy yo en lugar de Dios?

• ¿Ves alguna posible conexión entre los versículos 15 y 19? ¿Quién puede juzgar justamente y castigar el pecado?

²⁰ "Ustedes pensaron hacerme mal, *pero* Dios lo cambió en bien para que sucediera como *vemos* hoy, y se preservara la vida de mucha gente.

• ¿Qué nos demuestra que José verdaderamente había perdonado a sus hermanos?

²¹ "Ahora pues, no teman. Yo proveeré para ustedes y para sus hijos." Y los consoló y les habló cariñosamente.

• Romanos 15:4 nos dice que el Antiguo Testamento fue escrito para nuestra instrucción y para darnos ánimo y esperanza. ¿Qué aprendiste de la vida de José que pueda serte de ayuda?

FINALIZANDO

Como creyentes podemos decidir no permitir que el pasado determine nuestro futuro. Todo lo que has soportado, sufrido y experimentado puede tener un valor eterno si escoges verlo desde la perspectiva de Dios.

La vida de José claramente nos demuestra este principio. Él sufrió un terrible crimen por mano de sus hermanos; quienes inicialmente habían planeado matarlo, antes de venderlo como esclavo. Y a pesar de esto, José no les guardó rencor; más bien, años más tarde cuando la hambruna llevó a sus hermanos a Egipto en busca de comida, José los reconoció y sintió compasión por ellos aún antes que supieran quién era él. José los perdonó incondicionalmente –sin que esto dependiera de alguna demostración de remordimiento por parte de ellos. De hecho, aunque se habían humillado ante José, nunca le pidieron perdón de una manera específica. Definitivamente ellos lo habían maltratado, pero José escogió mirar su pasado desde el punto de vista de Dios. Él reconoció que Dios había estado obrando para bien en su vida, a través de todo el mal que se le había hecho.

El ejemplo de José nos recuerda que cuando no sepamos por qué ocurren ciertas cosas, debemos de permanecer confiados en que Dios estará obrando en cada experiencia de nuestras vidas -inclusive en las dolorosas.

José, en lugar de permitir que su situación lo derrotara o lo paralizara, creyó que Dios tenía un plan para su vida. Y al cumplir ese plan, decidiendo mirar hacia delante, destruyó el poder de su pasado –un pasado plagado de heridas inflingidas por otros.

¿Qué respecto a ti? ¿Crees que Dios tiene un plan y un propósito para tu vida? ¿Estás dispuesto a hacer lo que sea necesario para romper el poder del pasado y andar en libertad hacia el futuro?

La semana pasada vimos las heridas que José sufrió en manos de sus hermanos, y cómo él escogió perdonarlos. ¿Has perdonado a quienes te han herido? ¿Sientes un nudo en tu estómago, cuando cruza por tu camino alguien en particular? ¿Evitas ciertos eventos o lugares porque crees que esa persona estará allí?

Se ha dicho que mantener el resentimiento es como tomarse un veneno y esperar a que la otra persona muera. Esta semana veremos el por qué de la necesidad del perdón y el impacto que tiene en tu vida la decisión de perdonar –o negarte a perdonar- a alguien.

OBSERVA

El Sermón del Monte establece el fundamento de las instrucciones de Jesús dadas a Sus discípulos; este sermón deja muy en claro lo básico del andar del creyente. Estas instrucciones incluían Su enseñanza presentada en el Padre Nuestro –que en realidad se trata de un modelo de oración. Veamos qué podemos aprender de este modelo, a menudo conocido como el Padre Nuestro.

Líder: Lee en voz alta Mateo 6:9-13 y pide que el grupo...
  • *Marque toda referencia a **perdonar** con una X grande.*
  • *Dibuje un cuadrado alrededor de las palabras **deudas** y **deudores**.*

DISCUTE

Mateo 6:9–13

⁹ "Ustedes, pues, oren de esta manera: 'Padre nuestro que estás en los cielos, Santificado sea Tu nombre.

¹⁰ 'Venga Tu reino. Hágase Tu voluntad, Así en la tierra como en el cielo.

¹¹ 'Danos hoy el pan nuestro de cada día.

¹² 'Y perdónanos nuestras deudas (ofensas, pecados), como también nosotros hemos

perdonado a nuestros deudores (los que nos ofenden, nos hacen mal).

[13] 'Y no nos metas (no nos dejes caer) en tentación, sino líbranos del mal (del maligno). Porque Tuyo es el reino y el poder y la gloria para siempre. Amén.'

• Discute lo que aprendiste al marcar las referencias a perdonar.

• ¿Qué piensas que implica el "como nosotros" presentado en el versículo 12? Explica tu respuesta.

• ¿De qué debemos pedir perdón, según la enseñanza de Jesús?

• ¿Cómo definirías *deudas*?

OBSERVA

¿Está refiriéndose Jesús a una obligación financiera, al usar el término "deudas"? Para poder responder esta pregunta, veamos Lucas 11:2-4; un pasaje paralelo con claras similitudes con Mateo 6.

Líder: *Lee en voz alta Lucas 11:2-4.*
  • *Pide que el grupo diga en voz alta, y que marque con una* **X** *grande toda referencia a* ***perdonar***.

DISCUTE

• De lo visto en este pasaje, ¿estaba refiriéndose Jesús a "deuda" como una obligación financiera? De no ser así, ¿qué quiso Él decir con "deuda"?

Lucas 11:2–4

2 Y El les dijo: "Cuando oren, digan: 'Padre, santificado sea Tu nombre. Venga Tu reino.

3 'Danos hoy el pan nuestro de cada día.

4 'Y perdónanos nuestros pecados, Porque también nosotros perdonamos a todos los que nos deben. Y no nos metas (no nos dejes caer) en tentación.'"

OBSERVA

Regresemos a Mateo 6 donde, inmediatamente después de cerrar el Padre Nuestro con un "amén", Jesús añadió unas cuantas palabras acerca del perdón.

Mateo 6:14–15

14 "Porque si ustedes perdonan a los hombres sus transgresiones (faltas, delitos), también su Padre celestial les perdonará a ustedes.

15 "Pero si no perdonan a los hombres, tampoco su Padre les perdonará a ustedes sus transgresiones (faltas, delitos).

Líder: Lee Mateo 6:14-15 y pide que el grupo…
- *Marque toda referencia a **perdonar** con una **X**.*
- *Dibuje una línea en zigzag sobre si no, tal como ésta: ⋏*

DISCUTE

- Tal vez te estés preguntando, "¿Por qué debería perdonar, si es tan doloroso?" ¿Qué importante observación hace Jesús, en los versículos 14 y 15, acerca del por qué del perdón?

- ¿Qué aprendiste al marcar perdonar en estos versículos?

- Discute cómo se relaciona lo que has observado con el versículo 14.

OBSERVA

Jesús dio una gran ilustración, respecto al perdón, en la siguiente parábola.

Líder: Lee Mateo 18:21-27. Pide que el grupo diga en voz alta y...

- *Marque con una **X** toda referencia relacionada con **perdonar**.*
- *Marque con una **R** toda referencia **al rey**, incluyendo sus pronombres y sinónimos como **señor**.*
- *Dibuje un cuadrado alrededor de las palabras **debía** y **deuda**.*

DISCUTE

- De acuerdo con los versículos 21-22, ¿qué fue lo que provocó que Jesús contara esta historia?

Mateo 18:21–27

21 Entonces acercándose Pedro, preguntó a Jesús: "Señor, ¿cuántas veces pecará mi hermano contra mí que yo haya de perdonarlo? ¿Hasta siete veces?"

22 Jesús le contestó: "No te digo hasta siete veces, sino hasta setenta veces siete.

23 "Por eso, el reino de los cielos puede compararse a cierto rey que quiso ajustar cuentas con sus siervos.

24 "Al comenzar a ajustar*las*, le fue presentado uno que le debía 10,000 talentos (216 toneladas de plata).

25 "Pero no teniendo él *con qué* pagar, su señor ordenó que lo vendieran, junto con su mujer e hijos y todo cuanto poseía, y *así* pagara la deuda.

26 "Entonces el siervo cayó postrado ante él, diciendo: 'Tenga paciencia conmigo y todo se lo pagaré.'

27 "Y el señor de aquel siervo tuvo compasión, lo soltó y le perdonó la deuda.

ACLARACIÓN

Resulta importante que entendamos el contexto de esta parábola.

Según el pensamiento rabínico, común de esos días, las personas ofendidas solo tenían que perdonar hasta tres veces; así que Pedro pensó que estaba siendo bastante generoso al sugerir hacerlo "hasta siete veces"; así que es bastante probable que la respuesta de Jesús sorprendiera grandemente a los discípulos. En esencia, Jesús estaba diciéndoles que el amor no lleva la cuenta, tal como lo declara 1 Corintios 13:5.

Lo correcto por hacer es perdonar de todo corazón.

• Discute lo que aprendiste al marcar las referencias al rey.

• ¿Qué prometió hacer el esclavo? ¿Cómo respondió el rey?

• Siendo un esclavo, ¿parecía posible que él pudiera pagar la deuda?

• ¿Qué aprendiste al marcar *perdonar* y sus palabras relacionadas?

• ¿A quién crees que representa el rey, en esta parábola? Explica tu respuesta.

• ¿A quién crees que representa el esclavo? Explica tu respuesta.

OBSERVA
Ahora veamos cómo se comporta el esclavo, a la luz de su deuda cancelada.

Líder: Lee en voz alta Mateo 18:28-35 y pide que el grupo...
  • *Dibuje un cuadrado alrededor de las palabras **debía**, **debes** y **deuda**.*
  • *Marque con una **X** toda referencia relacionada con **perdonar**.*

DISCUTE

Mateo 18:28–35

28 "Pero al salir aquel siervo, encontró a uno de sus consiervos que le debía 100 denarios (salario de 100 días), y echándole mano, *lo* ahogaba, diciendo: 'Paga lo que debes.'

29 "Entonces su consiervo, cayendo *a sus pies*, le suplicaba: 'Ten paciencia conmigo y te pagaré.'

30 "Sin embargo, él no quiso, sino que fue y lo echó en la cárcel hasta que pagara lo que debía.

31 "Así que cuando sus consiervos vieron lo que había pasado, se entristecieron mucho, y fueron y contaron a su señor todo lo que había sucedido.

32 "Entonces, llamando al siervo, su señor le dijo: 'Siervo malvado, te perdoné toda aquella deuda porque me suplicaste.

33 '¿No deberías tú también haberte compadecido de tu consiervo, así como yo me compadecí de ti?'

34 "Y enfurecido su señor, lo entregó a los verdugos hasta que pagara todo lo que le debía.

35 "Así también Mi Padre celestial hará con ustedes, si no perdonan de corazón cada uno a su hermano."

• Discute lo que aprendiste de estos versículos, acerca del esclavo que había sido perdonado.

• Compara los versículos 26 y 29. ¿Qué notas en ellos?

ACLARACIÓN

En los días de Jesús, el denario era una moneda con un valor aproximado al salario promedio correspondiente a un día de trabajo para un obrero común; el talento, en cambio, era la mayor unidad monetaria. Un obrero debería de trabajar casi veinte años como para ganar tanto; así que, diez mil talentos representaban una deuda inconcebible.

• De acuerdo con el versículo 32, en primer lugar, ¿por qué perdonó el rey al esclavo malvado?

• De acuerdo con el versículo 33, ¿cómo esperaba el rey que el esclavo malvado tratara a su compañero esclavo, y por qué?

• ¿Qué comparación puedes hacer entre las expectativas del rey acerca del esclavo -descritas en el versículo 33- y las expectativas de Dios para con nosotros, como se muestran en Mateo 6:14-15?

• De acuerdo con el versículo 34, ¿qué ocurrió con el esclavo malvado, debido a que se rehusó a perdonar?

ACLARACIÓN

"Torturas" es un sustantivo derivado del verbo griego *basanízo*, que es usado en otras partes para referirse a la enfermedad (Mateo 4:24; 8:6) y circunstancias adversas (Mateo 14:24). Dios usa estas cosas para corregir actitudes equivocadas y producir apropiados espíritus en Sus hijos (1 Corintios 11:30-32). Estas torturas pueden manifestarse en nuestras vidas como circunstancias difíciles, enfermedad, amargura, celos, ira, etc. Recuerda que Jesús estaba dirigiéndose a Pedro y a los otros discípulos; por lo que Su mensaje se dirige a los creyentes, y no a los no creyentes.

- De acuerdo con lo visto en Mateo 18, y en el cuadro de Aclaración, ¿cómo se aplica la enseñanza de Jesús a nuestras vidas, hoy en día? ¿El negarse a perdonar es una opción válida para un creyente?

OBSERVA

Ahora veamos algunas instrucciones del apóstol Pablo dirigidas a nosotros los creyentes. Luego de exhortarnos a comportarnos de forma diferente de como lo hacíamos antes de recibir a Cristo, él nos da un ejemplo de cómo debería verse este cambio.

Líder: Lee Efesios 4:30-32 y Colosenses 3:13.
• *Pide que el grupo marque* **perdonándose** *con una* **X**.

DISCUTE

• Basado en lo leído en este pasaje, ¿qué entristece al Espíritu Santo?

• ¿Qué aprendiste acerca del perdón en estos versículos, y de cómo debería afectar eso a nuestras relaciones?

• Antes de seguir con esta lección, detente y pregúntate a ti mismo si hay alguien que necesites perdonar. Al pensar en el dolor y la desilusión, ¿viene a tu mente algún nombre específico? ¿Hay personas a las que te niegas amar o a hacer el bien cuando tienes la oportunidad? ¿Sientes un nudo en tu estómago cuando cierta persona cruza por tu camino? ¿Hay algún individuo a quien evites a toda costa?
Líder: Bríndale al grupo el tiempo suficiente

Efesios 4:30-32

30 Y no entristezcan al Espíritu Santo de Dios, por el cual fueron sellados para el día de la redención.

31 Sea quitada de ustedes toda amargura, enojo, ira, gritos, insultos, así como toda malicia.

32 Sean más bien amables unos con otros, misericordiosos, perdonándose unos a otros, así como también Dios los perdonó en Cristo.

Colosenses 3:13

13 soportándose unos a otros y perdonándose unos a otros, si alguien tiene queja contra otro. Como Cristo los perdonó, así también *háganlo* ustedes.

para reflexionar en estas preguntas.
- Si algún nombre viene a tu mente, al ver estas preguntas, no lo ignores ni lo pases por alto. Escríbelo junto con la ofensa.

OBSERVA
Al concluir con esta semana, echemos un vistazo a otros dos versículos que Dios nos ha dado para reforzar un importante principio.

ACLARACIÓN
En los siguientes pasajes, la palabra "misericordia" conlleva la idea de mostrar compasión, extender ayuda, perdonar y ser generoso. Implica no solo una compasión debido a la desgracia de otros, sino también un activo deseo de remover la causa de dicha desgracia.

Mateo 5:7
7 "Bienaventurados los misericordiosos, pues ellos recibirán misericordia.

Santiago 2:13
13 Porque el juicio será sin misericordia para el que no ha mostrado misericordia. La misericordia triunfa sobre el juicio.

Líder: Lee en voz alta Mateo 5:7 y Santiago 2:13
- *Pide que el grupo dibuje una línea ondulada bajo las palabras **misericordiosos** y **misericordia**. La línea podría ser así:* ∼∼∼

DISCUTE

• ¿Qué aprendiste al marcar las referencias a misericordia?

• ¿Cómo se relacionan estos versículos con lo que hemos aprendido de la enseñanza de Jesús sobre el perdón?

• ¿Cómo se comparan estos versículos con Mateo 18:33, en que el rey le dijo al siervo -al cual le había perdonado una gran deuda- "¿No deberías tú también haberte compadecido de tu consiervo, así como yo me compadecí de ti?"

FINALIZANDO

Desde hace mucho tiempo, los doctores ya habían sospechado que las personas que no perdonan tienden a estar enfermas; en la actualidad, la tecnología moderna ha confirmado esta sospecha. Con mucha frecuencia, la enfermedad física resulta como consecuencia directa de una actitud de falta de perdón. Y esto se debe a que nuestros cuerpos no fueron diseñados para soportar el terrible peso de la amargura y la ira; pues, tarde o temprano, nuestros cuerpos se quebrantarán de una forma u otra bajo el estrés y la presión.

Esto no significa que todos quienes están enfermos necesitan perdonar a alguien; lo que quiere decir, es que el rehusarse a perdonar podría causar aflicciones físicas a largo plazo.

¿Estás sufriendo de problemas estomacales, hipertensión o dificultad para dormir? ¿Estos síntomas podrían ser resultado de un corazón no perdonador, en lugar de tener causas estrictamente físicas? ¿Podría ser eso lo que te tortura? Pide al Señor que te de algunas respuestas.

Si rechazamos dejar ir el dolor y la injusticia, o si nos esforzamos por desquitarnos, nos colocaremos nosotros mismos en una prisión emocional –la peor forma de cautiverio. Pero al extender misericordia y perdón, compartiendo con otros lo que Dios ha compartido con nosotros, disfrutaremos de una gloriosa y verdadera libertad.

¡Perdona! Esto es lo que Jesús le enseñó a Pedro y a los otros discípulos; ya que has sido perdonado, ¡vive ahora como una persona de perdón! Renuncia a tu reclamo a lo correcto, lo que a fin de cuentas es poco productivo; más bien, confía en Dios para que Él trate a tus ofensores.

Si escuchas la guía del Espíritu y escoges andar en Su camino de perdón, ten por seguro que estarás más saludable tanto en alma como en cuerpo. Tus relaciones con Dios y con los hombres serán drásticamente cambiadas; y tu vida de oración se incrementará grandemente. De esta forma, ¡el cautivo será puesto en libertad!

Para que realmente puedas entender tu responsabilidad de perdonar a otros, primero debes darte cuenta de que sin importar lo que hayas hecho, Dios te asegura un completo y absoluto perdón a través de la muerte de Su Hijo. Como hemos visto, Jesús dijo que debemos perdonar tal como hemos sido perdonados. Pero si tu mismo no crees que has sido completamente perdonado de todos tus pecados, te será imposible perdonar a quienes hayan pecado contra ti.

Esta semana queremos ver el perdón que Dios nos extiende y cómo debe afectar esto nuestra responsabilidad para con otros.

OBSERVA

El libro de Romanos es una carta escrita por el apóstol Pablo a los creyentes que estaban en Roma para explicarles las verdades clave del evangelio -las "buenas nuevas" de Jesucristo. En los versículos que veremos a continuación, cuando el apóstol usó el pronombre nosotros, lo hizo para incluirse a sí mismo, sus compañeros y a todos quienes antes eran pecadores -enemigos de Dios. Y justo antes de este pasaje, Pablo les estaba hablando a los judíos que se apoyaban en la Ley de Moisés.

Líder: Lee en voz alta Romanos 3:9-12 y 23. Pide que el grupo...
- *Marque las palabras **pecado** y **pecaron** con una línea diagonal, como ésta:* **/**
- *Marque la palabra justo con una **J**.*

Romanos 3:9-12, 23

⁹ ¿Entonces qué? ¿Somos nosotros mejores *que ellos* ? ¡De ninguna manera! Porque ya hemos denunciado que tanto Judíos como Griegos están todos bajo pecado.

¹⁰ Como está escrito: "NO HAY JUSTO, NI AUN UNO;

¹¹ NO HAY QUIEN ENTIENDA, NO HAY QUIEN BUSQUE A DIOS.

¹² TODOS SE HAN DESVIADO, A UNA SE HICIERON INUTILES; NO HAY QUIEN HAGA LO BUENO, NO HAY NI SIQUIERA UNO.

²³ por cuanto todos pecaron y no alcanzan la gloria de Dios.

ACLARACIÓN

La palabra griega que aquí se traduce *pecado* significa literalmente: "errar la marca, quedarse corto al querer dar en el blanco de una diana, hacer o ir mal, violar la ley de Dios."

Justo significa "estar libre de culpa y pecado; ser conformado al patrón de Dios, no al de los hombres."

DISCUTE

• ¿Qué aprendiste al marcar *pecado* y *pecaron* en estos versículos?

• De acuerdo con la Palabra de Dios, ¿qué tan extendido está el pecado? ¿Quién podría proclamar no tener pecado?

Romanos 5:12

¹² Por tanto, tal como el pecado entró en el mundo por medio de un hombre, y por medio del pecado la muerte, así también la muerte se extendió a todos los hombres, porque todos pecaron.

OBSERVA

Acabamos de ver que todos somos pecadores; pero, ¿cómo llegamos a esto?

Líder: Lee Romanos 5:12. Pide que el grupo diga en voz alta y...

• *Marque las palabras **pecado** y **pecaron** con una línea diagonal. Dibuje una tumba sobre la palabra **muerte**, como ésta* ⌂

DISCUTE

• ¿Cómo nos volvimos pecadores?

• ¿Cuál fue el resultado de la entrada del pecado al mundo?

OBSERVA

Pero Dios no quiere que nosotros muramos; que estemos separados de Él por toda la eternidad. Por lo tanto, ¿qué hizo Él?

Líder: Lee en voz alta Mateo 1:18-23 y 2 Corintios 5:21. Pide que tu grupo...
  • *Marque toda referencia a **Jesús**, incluyendo sus pronombres y sinónimos como **el hijo**, con una cruz como ésta:* ✝

  • *Dibuja una línea diagonal sobre las palabras **pecados** y **pecado**.*

Mateo 1:18–23

18 El nacimiento de Jesucristo fue como sigue: estando Su madre María comprometida para casarse con José, antes de que se llevara a cabo el matrimonio, se halló que había concebido por *obra del* Espíritu Santo.

19 Entonces José su marido, siendo un hombre justo y no queriendo denunciarla públicamente, quiso abandonarla en secreto.

20 Pero mientras pensaba en esto, se le apareció en sueños un ángel del Señor, diciéndole: "José, hijo de David, no temas recibir a María tu mujer, porque el Niño que se ha engendrado en ella es del Espíritu Santo.

[21] "Y dará a luz un Hijo, y Le pondrás por nombre Jesús, porque El salvará a Su pueblo de sus pecados."

[22] Todo esto sucedió para que se cumpliera lo que el Señor había hablado por medio del profeta (Isaías), diciendo:

[23] "HE AQUI, LA VIRGEN CONCEBIRA Y DARA A LUZ UN HIJO, Y LE PONDRAN POR NOMBRE EMMANUEL," que traducido significa: "DIOS CON NOSOTROS."

DISCUTE

• De acuerdo con Mateo 1:18-23, ¿Jesús nació pecador? Explica tu respuesta.

• ¿Qué hizo Jesús por nosotros, de acuerdo con 2 Corintios 5:21, y cuál fue su resultado?

• ¿Si Jesús no era pecador, debía Él de morir? ¿Por qué murió Él?

2 Corintios 5:21

²¹ Al que no conoció pecado, Lo hizo pecado por nosotros, para que fuéramos hechos justicia de Dios en El.

OBSERVA

Hemos visto que Jesús murió por nuestros pecados. Ahora debemos preguntarnos: ¿cuál era nuestra condición antes que Él muriera por nosotros, y cómo ha cambiado nuestra situación Su muerte?

Líder: Lee Romanos 5:6-10 y 6:23. Pide que el grupo diga en voz alta y...
  • *Encierre en un círculo toda referencia a **creyentes**, incluyendo los pronombres **nosotros y nuestro**.*
  • *Marque con una cruz toda referencia a **Cristo**, incluyendo sus sinónimos y pronombres.*

Romanos 5:6–10

⁶ Porque mientras aún éramos débiles, a su tiempo Cristo murió por los impíos.

⁷ Porque difícilmente habrá alguien que muera por un justo, aunque tal vez alguno se atreva a morir por el bueno.

⁸ Pero Dios demuestra su amor para con nosotros,

en que siendo aún pecadores, Cristo murió por nosotros.

[9] Entonces mucho más, habiendo sido ahora justificados por Su sangre, seremos salvos de la ira *de Dios* por medio de El.

[10] Porque si cuando éramos enemigos fuimos reconciliados con Dios por la muerte de Su Hijo, mucho más, habiendo sido reconciliados, seremos salvos por Su vida.

Romanos 6:23

[23] Porque la paga del pecado es muerte, pero la dádiva de Dios es vida eterna en Cristo Jesús Señor nuestro.

DISCUTE

• ¿Qué aprendiste al marcar las referencias a Cristo, Hijo de Dios?

• ¿Qué palabras fueron usadas en estos versículos para describir nuestra condición?

• ¿Cuándo demostró Dios Su amor por nosotros?

• ¿En qué punto recibimos el perdón del Señor?

• ¿Qué regalo gratuito ha provisto Jesús para nosotros?

OBSERVA

Líder: Lee Colosenses 1:21-22 y 2 Corintios 5:18-20 en voz alta. Pide que el grupo...
- *Dibuje un cuadrado alrededor de las palabras* **reconciliado, reconcilió, reconciliación, reconciliando, reconcíliense.**
- *Subraye la frase* **no tomando en cuenta a los hombres sus transgresiones.**

21 Y aunque ustedes antes estaban alejados y *eran* de ánimo hostil, *ocupados* en malas obras,

22 sin embargo, ahora Dios los ha reconciliado *en Cristo* en Su cuerpo de carne, mediante Su muerte, a fin de presentarlos santos, sin mancha e irreprensibles delante de El.

ACLARACIÓN

La palabra *reconciliación* asume una disputa o ruptura de la amistad; y *reconciliar* significa "cambiar o intercambiar". Así que el término está asociado con cambiar una relación de enemistad a amistad.

El pecado del hombre creó una barrera entre él y Dios; y la reconciliación con Dios significa un completo perdón y el restablecimiento de una relación con Él.

La reconciliación es única de la fe cristiana. Todas las demás religiones enseñan que el hombre tiene que aplacar a Dios; pero el cristianismo bíblico enseña que Dios se apacigua a Sí mismo, supliendo lo necesario para reconciliarnos con Él: la sangre de Su Hijo para perdón de nuestros pecados.

18 Y todo esto procede de Dios, quien nos reconcilió con El mismo por medio de Cristo, y nos dio el ministerio de la reconciliación;

19 es decir, que Dios estaba en Cristo reconciliando al mundo con

El mismo, no tomando en cuenta a los hombres sus transgresiones, y nos ha encomendado a nosotros la palabra de la reconciliación.

20 Por tanto, somos embajadores de Cristo, como si Dios rogara por medio de nosotros, en nombre de Cristo les rogamos: ¡Reconcíliense con Dios!

DISCUTE

• ¿Qué aprendiste al marcar *reconcilió* y las palabras relacionadas?

• ¿Cómo eras antes de haber sido reconciliado con Dios? ¿Y después?

• ¿Si hemos sido reconciliados, qué ha ocurrido con nuestras ofensas?

• El perdón de Jesús, ¿cómo demuestra Su amor por nosotros?

• Teniendo en mente todo lo que hemos aprendido, ¿cómo demostramos el amor de Dios a otros?

ACLARACIÓN

Un *embajador* es un mensajero autorizado o la persona quien representa a una autoridad mayor. En este contexto, el embajador es un mensajero de Cristo llevando el mensaje de la reconciliación.

- ¿Cuál es nuestra responsabilidad en la reconciliación? ¿Puedes cumplir esa responsabilidad si rechazas perdonar? Explica tu respuesta.

OBSERVA

Como hemos visto, no tienes que seguir siendo esclavo del pecado; puedes ser reconciliado con Dios. Ahora, antes de finalizar la lección, echemos otro vistazo al evangelio y a lo que significa para nosotros.

Líder: Lee 1 Corintios 15:1-8 en voz alta. Pide que el grupo…
- *Marque toda referencia al evangelio, incluyendo los pronombres cual, con una E.*
- *Marque toda referencia a Cristo, incluyendo Sus pronombres, con una cruz:*✝
- *Subraye la frase conforme a las Escrituras.*

1 Corintios 15:1–8

¹ Ahora les hago saber, hermanos, el evangelio que les prediqué (anuncié), el cual también ustedes recibieron, en el cual también están firmes,

² por el cual también son salvos, si retienen la palabra que les prediqué (anuncié), a no ser que hayan creído en vano.

³ Porque yo les entregué en primer lugar lo mismo que recibí: que Cristo (el Mesías) murió por nuestros pecados, conforme a las Escrituras;

⁴ que fue sepultado y que resucitó al tercer día, conforme a las Escrituras;

5 que se apareció
a Cefas (Pedro) y
después a los doce.
6 Luego se
apareció a más de
500 hermanos a
la vez, la mayoría
de los cuales
viven aún, pero
algunos ya duermen
(murieron).

7 Después se
apareció a Jacobo
(Santiago), luego a
todos los apóstoles.

8 Y al último de
todos, como a
uno nacido fuera
de tiempo, se me
apareció también a
mí.

DISCUTE

- ¿Qué aprendiste al marcar todas las referencias al evangelio?

- Sólo para no pasarlo por alto, ¿cuáles son los puntos principales del evangelio, de acuerdo con los versículos 3 y 4?

- ¿Qué ocurrió "conforme a las Escrituras"?

- En los versículos 5 al 8, ¿qué evidencia cita Pablo para afirmar que estas cosas realmente ocurrieron?

- ¿De acuerdo con el evangelio, quién pagó por nuestros pecados? ¿Cómo fue hecho el pago?

- Discute cómo se relaciona esto con nuestro estudio del perdón realizado hasta ahora. ¿Qué tiene que ver el entender que hemos sido perdonados, con nuestro perdonar a otros?

"Pecado" es una palabra poco popular, pero describe nuestra violación a las leyes de Dios. Nosotros somos responsables de nuestros pecados, y la Biblia es muy clara en este asunto. Sin embargo, Jesús ya ha pagado por todos nuestros pecados –por los pasados, presentes y futuros (Tito 3:4-7). Así que, ahora puedes enfrentar responsablemente el pecado, y recibir el perdón de Dios, o puedes ignorarlo, excusarlo y continuar en él, y recibir el juicio de Dios.

Puede que hayas escuchado a alguien decir: "¡No puedo perdonarme!" Y tal vez tú mismo hayas dicho esta frase; aún así, en todo lo que hemos leído hasta el momento, en ninguna parte hemos visto que debamos de perdonarnos a nosotros mismos. Por lo tanto, el aceptar este tipo de pensamiento significa que no tenemos un verdadero entendimiento del perdón de Dios; con esa frase podríamos estar diciendo que el amor y la provisión de Dios no son suficientes. En cierto sentido estaríamos poniéndonos a nosotros mismos por encima de Dios.

El rehusarte a creer que has sido perdonado, significa volverle tu espalda al amor de Dios: "Porque de tal manera amó Dios al mundo que ha dado a Su Hijo Unigénito para que todo aquel que en Él cree no se pierda más tenga vida eterna" (Juan 3:16). Tal vez necesitas detenerte en este momento y preguntarte a ti mismo: "¿He recibido el regalo del perdón de Dios, y Su promesa de vida eterna a través de Jesucristo?" Si no es así, ¿por qué esperar? Si este es el deseo de tu corazón, habla con el líder de tu grupo de estudio, quien se alegrará mucho por orar contigo y recibirte dentro del reino de Dios.

¿Has hecho de tu vida un desastre? ¿Te sientes indigno del amor del Padre? Y, habiendo visto por ti mismo lo que Dios dice, ¿te has dado cuenta que sin importar lo que hayas hecho, puedes estar seguro del completo y absoluto perdón? Ya sea que hayas traído vergüenza a tu familia, malgastado las finanzas familiares, te hayas involucrado en relaciones sexuales inmorales o pornografía, hayas robado a alguien o incluso asesinado, aún no es tarde. Así que, ¿recibirías Su perdón ahora? Ésta es la forma de hacerlo:

1. Primero, **confiesa a Dios que has pecado – que has quebrantado Su santa ley, que te has rebelado contra Su santa voluntad.** Es decir, llama a tus pecados por lo que son, pecados. La palabra *confesar* en 1 Juan 1:9 significa "decir lo mismo." Confesar el pecado, entonces, es estar de acuerdo con Dios de que lo que has hecho está mal.

2. **Asume la responsabilidad por tus pecados.** No puedes culpar a nadie más. Reconoce tus pecados y asume toda la responsabilidad.

3. **Dile a Dios que estás dispuesto a hacer restitución de ser así necesario.** Esta disposición a estar bien no solo con Dios, sino también con los hombres, sigue el principio que Jesús estableció para nosotros en Mateo 5:23-24.

4. **Agradece a Dios por la sangre de Jesucristo que te limpia de todo pecado, y en fe acepta Su perdón.** Recuerda, el perdón siempre está basado en la gracia, y nunca en el mérito. Donde abundó el pecado, sobreabundó la gracia (Romanos 5:20).

5. **Confía totalmente en la Palabra de Dios.** "Por lo tanto, ya no hay ninguna condenación para los que están unidos a Cristo Jesús" (Romanos 8:1). Sin importar como te sientas, aférrate en fe a lo que Dios dice. No permitas que Satanás, el acusador de los hermanos, te robe la victoria de la fe.

6. **Agradece a Dios por el regalo de Su Santo Espíritu, y dile a Él que quieres andar por el Espíritu para que ya no cumplas los deseos de la carne** (Gálatas 5:16). Oraciones como ésta muestran un genuino arrepentimiento.

Una vez que has aceptado el perdón de Dios, tienes el fundamento necesario para perdonar a otros y andar en la verdadera libertad.

¡Quieres que perdone! ¿Cómo puedo perdonar a alguien que me ha herido tan profundamente? ¿Acaso sabes lo que me hicieron? Puede que éstas sean tus respuestas a lo aprendido hasta el momento en este estudio. Esta semana veremos cómo poder perdonar incluso la más horrible de las ofensas cometidas contra nosotros.

OBSERVA

Líder: Lee en voz alta Gálatas 5:19-21, Efesios 5:3-6 y 1 Corintios 6:9-11.

* *Pide que el grupo subraye __no heredarán el reino de Dios__, __tiene herencia en el reino de Cristo y de Dios__, y __heredarán el reino de Dios__.*

DISCUTE

* De acuerdo con estos pasajes, ¿qué caracteriza a quienes no heredarán el reino de Dios?

Gálatas 5:19–21

[19] Ahora bien, las obras de la carne son evidentes, las cuales son: inmoralidad, impureza, sensualidad,

[20] idolatría, hechicería, enemistades, pleitos, celos, enojos, rivalidades, disensiones, herejías,

[21] envidias, borracheras, orgías y cosas semejantes, contra las cuales les advierto, como ya se lo he dicho antes, que los que practican tales cosas no heredarán el reino de Dios.

Efesios 5:3–6

³ Pero que la inmoralidad, y toda impureza o avaricia, ni siquiera se mencionen entre ustedes, como corresponde a los santos.

⁴ Tampoco haya obscenidades, ni necedades, ni groserías, que no son apropiadas, sino más bien acciones de gracias.

⁵ Porque con certeza ustedes saben esto: que ningún inmoral, impuro, o avaro, que es idólatra, tiene herencia en el reino de Cristo y de Dios.

⁶ Que nadie los engañe con palabras vanas, pues por causa de estas cosas la ira de Dios viene sobre los hijos de desobediencia.

• ¿Has sido tú -o alguien cercano a ti- afectado por alguna persona que haya cometido estos pecados? ¿Has sido maltratado por un padre alcohólico? ¿Has sido sexualmente abusado?

• De acuerdo con 1 Corintios 6:10, ¿estas personas estarán en el reino de Dios, si no aceptan a Cristo?

• 1 Corintios 6:11 dice: "Y esto eran algunos de ustedes, pero…" En las Escrituras, con mucha frecuencia la palabra *pero* es usada para mostrar un contraste determinado. ¿Qué aprendes de este versículo al notar qué se está contrastando, y cómo se relaciona eso con nuestro estudio del perdón? Explica tu respuesta.

• Si se arrepienten quienes nos han herido con su pecado, entonces Dios les permitirá entrar al cielo; pero si no lo hacen, Dios mismo tratará con ellos. La responsabilidad nuestra es el perdonar.

1 Corintios 6:9–11

9 ¿O no saben que los injustos no heredarán el reino de Dios? No se dejen engañar: ni los inmorales, ni los idólatras, ni los adúlteros, ni los afeminados, ni los homosexuales,

10 ni los ladrones, ni los avaros, ni los borrachos, ni los difamadores, ni los estafadores heredarán el reino de Dios.

11 Y esto eran algunos de ustedes; pero fueron lavados, pero fueron santificados, pero fueron justificados en el nombre del Señor Jesucristo y en el Espíritu de nuestro Dios.

Colosenses 3:1–10

¹ Si ustedes, pues, han resucitado con Cristo, busquen las cosas de arriba, donde está Cristo sentado a la diestra de Dios.

² Pongan la mira (la mente) en las cosas de arriba, no en las de la tierra.

³ Porque ustedes han muerto, y su vida está escondida con Cristo en Dios.

⁴ Cuando Cristo, nuestra vida, sea manifestado, entonces ustedes también serán manifestados con El en gloria.

⁵ Por tanto, consideren los miembros de su cuerpo terrenal como muertos a la fornicación, la impureza, las pasiones, los malos deseos y la avaricia, que es idolatría.

OBSERVA

Veamos ahora algunos versículos en los que Pablo, escribiendo a los creyentes de la ciudad de Colosas, estableció ciertos principios de vida que nos ayudarán en la búsqueda de vivir nuestro perdón.

Líder: Lee en voz alta Colosenses 3:1-10. Pide que el grupo diga en voz alta y...
- *Encierre en un círculo toda referencia a los destinatarios o los pronombres **ustedes** y **su**.*
- *Subraya **las instrucciones de Pablo** a los creyentes.*

DISCUTE

- ¿Qué aprendiste de marcar las referencias a *ustedes* y *su* en este pasaje?

- ¿En este pasaje, qué se les instruye a los creyentes que hagan?

• Discute cómo se demuestra esto, en términos prácticos, con respecto al perdón.

• ¿Cuál es la instrucción de Pablo a los creyentes, en el versículo 5?

• ¿Cómo se evidenciaría en nuestras vidas, la obediencia a esta instrucción?

• En el versículo 8, la palabra *pero* señala un contraste. ¿Qué se está contrastando?

• ¿Qué debe dejar de lado el creyente? ¿Por qué?

⁶ Pues la ira de Dios vendrá sobre los hijos de desobediencia por causa de estas cosas,

⁷ en las cuales ustedes también anduvieron en otro tiempo cuando vivían en ellas.

⁸ Pero ahora desechen también todo esto: ira, enojo, malicia, insultos, lenguaje ofensivo de su boca.

⁹ Dejen de mentirse los unos a los otros, puesto que han desechado al viejo hombre con sus *malos* hábitos,

¹⁰ y se han vestido del nuevo *hombre*, el cual se va renovando hacia un verdadero conocimiento, conforme a la imagen de Aquél que lo creó.

Colosenses 3:12–15

¹² Entonces, ustedes como escogidos de Dios, santos y amados, revístanse de tierna compasión, bondad, humildad, mansedumbre y paciencia (tolerancia);

¹³ soportándose unos a otros y perdonándose unos a otros, si alguien tiene queja contra otro. Como Cristo los perdonó, así también *háganlo* ustedes.

¹⁴ Sobre todas estas cosas, *vístanse de* amor, que es el vínculo de la unidad (de la perfección).

¹⁵ Que la paz de Cristo reine en sus corazones, a la cual en verdad fueron llamados en un solo cuerpo; y sean agradecidos.

OBSERVA

Al estar separados del mundo, le pertenecemos completamente a Dios. Así que somos "santos", tal como Pablo escribió en los versículos que veremos a continuación.

Mientras lees Colosenses 3:12-15, observa cómo impacta esto a nuestra respuesta hacia quienes nos han herido.

Líder: Lee en voz alta Colosenses 3:12-15. Pide que el grupo…
- *Marque las palabras **revístanse**, **vístanse** con una flecha:* ➡
- *Marque las palabras **perdonándose** y **perdonó** con una **X**.*

ACLARACIÓN

La palabra *revístanse* significa "envolverse, envolver, ponerse algo como ropa." La idea es estar tan inmerso en Cristo, tan enfocado en Él, que te parezcas a Él en tus pensamientos y acciones. El tiempo del verbo griego indica que ésta es una orden a ser obedecida inmediatamente.

DISCUTE

• ¿De qué debe "revestirse" la persona escogida por Dios, de acuerdo con el versículo 12?

• Según el versículo 13, ¿cuál es el resultado de revestirse de estas cosas?

• ¿Qué aprendiste al marcar *perdonándose* y *perdonó*? Discute lo que has aprendido acerca de perdonar a quienes te han hecho daño, citando la popular frase: "¿Qué haría Jesús?"

• ¿Qué significa la frase "si alguien tiene queja contra otro"?

• ¿Cuáles son algunas típicas quejas, que las personas tienen unas contra otras?

Efesios 4:30–32

30 Y no entristezcan al Espíritu Santo de Dios, por el cual fueron sellados para el día de la redención.

31 Sea quitada de ustedes toda amargura, enojo, ira, gritos, insultos, así como toda malicia.

32 Sean más bien amables unos con otros, misericordiosos, perdonándose unos a otros, así como también Dios los perdonó en Cristo.

OBSERVA

Veamos qué más podemos aprender acerca de cómo debemos responder a quienes han pecado contra nosotros.

Líder: Lee en voz alta Efesios 4:30-32. Pide que el grupo...
- *Dibuje una flecha como ésta* ➝ *sobre la frase Sea quitada.*
- *Marque las palabras perdonándose y perdonó con una X.*

DISCUTE

- De acuerdo con este pasaje, ¿qué entristece al Espíritu Santo?

- ¿Qué debemos "quitar" de nosotros mismos?

ACLARACIÓN

"Amargura" hace referencia a una enemistad con una profunda raíz que envenena al hombre interior. Esto ocurre cuando fomentamos la hostilidad hacia alguien que nos haya herido intencionalmente o no. Este versículo sugiere una progresión: la amargura lleva a la ira (una explosión exterior de los sentimientos interiores), la ira lleva al clamor (un fuerte llanto exterior contra algo), el clamor lleva a la calumnia (el hablar mal de alguien).

• Además de entristecer al Espíritu Santo, ¿qué impacto puede tener la amargura sobre nosotros espiritual, emocional, física y relacionalmente?

• ¿Conoces situaciones en que la amargura no tratada causó estragos en familias, iglesias o comunidades?

Líder: *Invita a alguien a que comparta un ejemplo con tu grupo.*

1 Pedro 2:21–23

21 Porque para este propósito han sido llamados, pues también Cristo sufrió por ustedes, dejándoles ejemplo para que sigan Sus pasos,

22 EL CUAL NO COMETIO PECADO, NI ENGAÑO ALGUNO SE HALLO EN SU BOCA;

23 y quien cuando Lo ultrajaban, no respondía ultrajando. Cuando padecía, no amenazaba, sino que *se* encomendaba a Aquél que juzga con justicia.

OBSERVA

Nuestra carne rápidamente rechaza la idea de ofrecer un perdón incondicional. Porque, después de todo, si nosotros no hacemos que nuestros enemigos paguen, ¿quién lo hará? De esta manera resulta fácil el racionalizar y montar un contra-ataque sobre quienes nos han herido. Pero, ¿cuál fue el ejemplo de Jesús?

Líder: Lee 1 Pedro 2:21-23.
  • *Pide que el grupo marque con una cruz ✝ toda referencia a Cristo.*

DISCUTE

• ¿Qué aprendiste acerca de Jesús en estos versículos?

• ¿Cómo puede ayudarnos el ejemplo de Jesús, de sufrir injustamente en manos de otros?

• De acuerdo a lo que hemos visto, ¿nuestra responsabilidad en el trato con otros, debería estar condicionada a cómo ellos nos traten? Explica tu respuesta.

FINALIZANDO

Dios no solo nos dice en Su Palabra lo que necesitamos hacer, sino que también nos da un increíble ejemplo a seguir, en la vida y muerte de Su Hijo. Jesús estableció el estándar para el perdón al rehusarse a "hacer pagar" a aquellos hombres. Mostrando también Su callada aceptación de lo malo hecho contra Él, y Su oración por el perdón de ellos. La gran magnitud de esto es más que evidente cuando nos damos cuenta de que nuestro pecado personal jugó un papel fundamental en llevar a Jesús a la cruz. Tenemos responsabilidad por Su muerte –como si nosotros mismos hubiéramos puesto los clavos en Sus manos y pies.

El perdón que Jesús nos ofreció a través de Su muerte en la cruz es el mismo perdón que debemos extender a otros. Y, ¿qué acerca de ti? ¿Estás dispuesto a seguir Su ejemplo?

Es crucial que perdones a quienes te tratan injustamente; sea que ellos se arrepientan o no, y sin importar cómo te sientas al respecto. Resulta fácil responder equivocadamente cuando vives por tus sentimientos; sin embargo, si escoges obedecer la Palabra de Dios, tus sentimientos finalmente concordarán con lo que tu mente sabe que es lo correcto.

Pero, ¿cómo perdona uno cuando no hay el deseo de hacerlo?

Primero, debes darte cuenta que el perdón es una decisión, y no una emoción. Ya que Dios nos ordenó que perdonáramos a otros, el no hacerlo significa rehusarse a obedecer a Dios. No se trata de una sugerencia, sino de una orden a ser obedecida sin importar tus pensamientos o sentimientos.

Segundo, necesitas saber que tu perdón a otros no los librará de tener que rendir cuentas a Dios. Tu perdón no significa que ellos no serán responsables con el Señor por lo que hayan hecho.

Jesús llevó el pecado en Su propio cuerpo y perdonó, mientras colgaba en la cruz; pero todo pecado, del que los hombres no se arrepientan, será juzgado por Dios (Hebreos 10:26-27; 2 Tesalonicenses 1:6-9). En otras palabras, si las personas no se arrepienten y creen en Él, ellos irán al infierno. El perdón ha sido ofrecido, pero no es independiente de recibir a Jesucristo como Señor y Salvador.

Como creyente, debes manifestar el carácter y amor de Jesucristo al perdonar incluso a quienes te hayan abusado física, emocional, sexual o mentalmente; tal como Cristo perdonó a quienes pecaron contra Él. Negarse a hacer esto es evitar que las personas puedan ver manifestado el carácter de Cristo. Sin embargo, si tu perdón no los lleva al arrepentimiento, ellos no tendrán entonces ninguna excusa; pues habrán visto con sus propios ojos, y oído con sus propios oídos, una demostración de la realidad del evangelio de Cristo (Mateo 11:22-24, y Apocalipsis 20:11-13).

Y si a pesar de todas estas verdades, aún estás luchando por perdonar a otra persona, necesitas **darle un buen vistazo al perdón del Señor para ti.** Recuerda, al perdonar a otra persona, tan solo eres un pecador perdonando a otro. Ninguno de nosotros somos lo que deberíamos de ser; así que, cuando Dios nos perdona, Él está perdonando a alguien que ha pecado contra Su perfecta santidad.

Hasta el momento hemos visto en nuestro estudio que necesitamos perdonar y extender misericordia a otros; y también aprendimos cómo era posible hacerlo. También aprendimos cómo responder a quienes nos han herido y no se arrepienten. Ahora la pregunta es, *¿cómo puedo saber que verdaderamente he perdonado a alguien?* Esta semana vamos a encontrar la respuesta a esa pregunta

OBSERVA

En los días de Jesús, cuando un rabí era invitado a cenar en una casa, la costumbre de las personas era permanecer alrededor de él escuchando sus enseñanzas.

Líder: Lee Lucas 7:36-39. Pide que el grupo diga en voz alta y...
- *Encierre en un círculo toda referencia a la mujer, incluyendo los pronombres.*
- *Marque toda referencia al Fariseo, incluyendo sus pronombres, con una F.*

DISCUTE

- ¿Qué aprendiste al marcar las referencias a la mujer en este pasaje?

- ¿Qué pensó el Fariseo acerca de todo esto?

Lucas 7:36–39

36 Uno de los Fariseos pidió a Jesús que comiera con él; y entrando El en la casa del Fariseo, se sentó *a la mesa.*

37 Había en la ciudad una mujer que era pecadora, y cuando se enteró de que Jesús estaba sentado *a la mesa* en casa del Fariseo, trajo un frasco de alabastro con perfume;

38 y poniéndose detrás *de El* a Sus pies, llorando, comenzó a regar Sus pies con lágrimas y *los* secaba con

los cabellos de su cabeza, besaba Sus pies y *los* ungía con el perfume.

³⁹ Pero al ver *esto* el Fariseo que Lo había invitado, dijo para sí: "Si Este fuera un profeta, sabría quién y qué clase de mujer es la que Lo está tocando, que es una pecadora."

Lucas 7:40–48

⁴⁰ Y Jesús le dijo: "Simón, tengo algo que decirte.""Di, Maestro," le contestó.

⁴¹ "Cierto prestamista tenía dos deudores; uno *le* debía 500 denarios (salario de 500 días) y el otro cincuenta;

⁴² "y no teniendo ellos con qué

ACLARACIÓN

Los fariseos eran los religiosos conservadores de aquellos días. Ellos tenían su propia justicia, buscando distinción y halagos por la observancia exterior de ritos como lavamientos ceremoniales, ayuno, oración y limosnas. Los fariseos descuidaban la verdadera piedad, enorgulleciéndose por sus propias obras y enfatizando la apariencia exterior en lugar de la condición interior del corazón.

El frasco de alabastro contenía un perfume, que en ese tiempo era probablemente muy costoso.

OBSERVA

Líder: Lee Lucas 7:40-48 en voz alta y pide que el grupo…

- *Marque toda referencia a **Simón**, el Fariseo con una **F**. Asegúrate de observar cuidadosamente todos los pronombres.*
- *Encierre en un círculo toda referencia a **la mujer**, incluyendo los pronombres.*

Líder: Lee nuevamente Lucas 7:40-48. Esta vez pide que el grupo…

- *Marque las palabras **perdonó**, **perdonados** y **perdona**, con una **X**.*
- *Marque toda referencia al **amor** con un corazón:* ♡

DISCUTE

• ¿Por qué Jesús cuenta la historia del prestamista?

• ¿Cómo se relaciona el mensaje de esta historia con Simón? ¿Con la mujer? ¿Con nosotros?

• Discute cómo podríamos ver nuevamente este escenario hoy en día.

• ¿Qué similitudes notaste entre la historia de los versículos 41 y 42, y las palabras de Jesús en los versículos 47 y 48?

• ¿Qué aprendiste acerca de los pecados de la mujer? ¿Estaba ella consciente de ellos? Explica tu respuesta.

pagar, perdonó generosamente a los dos. ¿Cuál de ellos, entonces, lo amará más?"

43 "Supongo que aquél a quien le perdonó más," respondió Simón. Y Jesús le dijo: "Has juzgado correctamente."

44 Y volviéndose hacia la mujer, le dijo a Simón: "¿Ves esta mujer? Yo entré a tu casa *y* no Me diste agua para Mis pies, pero ella ha regado Mis pies con sus lágrimas y *los* ha secado con sus cabellos.

45 "No Me diste beso, pero ella, desde que entré, no ha cesado de besar Mis pies.

46 "No ungiste Mi cabeza con aceite,

pero ella ungió Mis pies con perfume.

⁴⁷ "Por lo cual te digo que sus pecados, que son muchos, han sido perdonados, porque amó mucho; pero a quien poco se le perdona, poco ama." ⁴⁸ Entonces Jesús le dijo a la mujer: "Tus pecados han sido perdonados."

- ¿Qué aprendiste acerca de Simón, con respecto a sus pecados? ¿Estaba él consciente de ellos? Explica tu respuesta.

- La mujer no fue perdonada porque amó; más bien, ella amó porque fue perdonada. ¿Qué aprendiste acerca de cómo se relaciona la proporción del amor mostrado, con la proporción del perdón recibido?

- ¿La profunda comprensión de tu pecado, cómo impacta tus pensamientos y acciones cuando se trata del perdón?

- ¿A quién te pareces más – a la mujer que se dio cuenta que era una pecadora y esperó en Jesús con lágrimas humildemente, o como Simón quien era externamente justo? ¿Qué evidencia hay en tu vida que apoye tu respuesta?

OBSERVA

El siguiente pasaje ya lo hemos visto varias veces en este estudio, pero desde diferentes perspectivas. Hasta el momento, ya sabemos que debemos perdonar y que eso no ocurrirá así nomás; sino que somos responsables de hacer que esto ocurra. Ahora veremos el resultado del verdadero perdón, y cómo debería ocurrir en nuestras vidas.

Líder: Lee en voz alta Colosenses 3:12-15. Pide que el grupo diga en voz alta y...
  • *Dibuje una flecha* ⟶ *sobre toda referencia a* **revestirse**.
  • *Marque las palabras* **perdonándose** *y* **perdonó** *con una* **X**.
  • *Marque toda referencia a* **corazón** *y* **amor** *con un corazón:* ♡

DISCUTE

• Discute lo que aprendiste al marcar las referencias a perdonar.

Colosenses 3:12-15

¹² Entonces, ustedes como escogidos de Dios, santos y amados, revístanse de tierna compasión, bondad, humildad, mansedumbre y paciencia (tolerancia);

¹³ soportándose unos a otros y perdonándose unos a otros, si alguien tiene queja contra otro. Como Cristo los perdonó, así también *háganlo* ustedes.

¹⁴ Sobre todas estas cosas, *vístanse de* amor, que es el vínculo de la unidad (de la perfección).

¹⁵ Que la paz de Cristo reine en sus corazones, a la cual en verdad fueron llamados en un solo cuerpo; y sean agradecidos.

• De acuerdo con el versículo 12, si escoges perdonar, ¿de qué debes "revestirte" para poder hacerlo? Explica cómo te ayudará a perdonar.

ACLARACIÓN

"Soportándose unos a otros" significa "tolerándose unos a otros." Los rencores no tienen lugar en el cuerpo de Cristo; pues nos llevan al enojo, ira, malicia, calumnia, lenguaje ofensivo y mentiras –pecados que los creyentes han sido instruidos a desechar y dejar atrás (Colosenses 3:8-9).

• Discute el impacto que tendría el "soportarse unos a otros" en las vidas de los creyentes, la iglesia y en nuestras comunidades si realmente lo practicáramos.

• ¿Cuál fue la magnitud del perdón del Señor, y cómo se relaciona eso con nosotros como creyentes?

ACLARACIÓN

¿Cómo puedes saber cuando verdaderamente has perdonado a alguien de corazón? Por la paz que experimentarás.

"Que la paz de Cristo reine" no es una orden; más bien es un indicador. La falta de paz indica que la Palabra de Dios ha sido desobedecida.

En este versículo *reine* es un término atlético que significa "residir en el juego y distribuir los premios". Esta palabra en realidad significa "arbitrar". Si hay diferencias entre los creyentes, la paz de Dios arbitrará nuestros corazones. Cuando las relaciones están rotas entre los creyentes, es debido a que uno -o ambos- están alejados de la comunión con Dios.

• De acuerdo con el versículo 14, ¿de qué más debemos "vestirnos" y cómo se describe? ¿Cómo entra en juego en las relaciones interpersonales? Explica tu respuesta.

• Según lo que has visto en el cuadro de Observación y en el versículo 15, ¿cuál sería un buen indicador de que has perdonado verdaderamente de corazón?

• Describe cómo sería esto en la vida de un creyente, basándote en todo lo que hemos visto hasta el momento en este estudio.

1 Juan 1:19

¹⁹ Nosotros amamos porque El nos amó primero.

OBSERVA

Líder: Lee en voz alta 1 Juan 4:19 y Efesios 4:31 – 5:2. Pide que el grupo diga en voz alta y marque...

• *Las palabras **perdonándose** y **perdonó** con una **X**.*
• *Toda referencia a la palabra **amor** con un corazón.* ♡

DISCUTE

• ¿Qué aprendiste de marcar las referencias al amor?

• ¿Qué aprendiste de marcar las referencias a perdonar?

• Discute cómo se evidencian las cosas descritas en el versículo 31, cuando no perdonamos –cuando estamos llenos de amargura por haber sido heridos.

Efesios 4:31–5:2

31 Sea quitada de ustedes toda amargura, enojo, ira, gritos, insultos, así como toda malicia.

32 Sean más bien amables unos con otros, misericordiosos, perdonándose unos a otros, así como también Dios los perdonó en Cristo.

5:1 Sean, pues, imitadores de Dios como hijos amados;

2 y anden en amor, así como también Cristo les amó y se dio a sí mismo por nosotros, ofrenda y sacrificio a Dios, como fragante aroma.

2 Corintios 2:5-11

5 Pero si alguien ha causado tristeza, no me la ha causado a mí, sino hasta cierto punto, para no exagerar, a todos ustedes.

6 Es suficiente para tal *persona* este castigo que *le fue impuesto* por la mayoría;

7 así que, por el contrario, ustedes más bien debieran perdon*lo* y consolar*lo*, no sea que en alguna manera éste sea abrumado por tanta tristeza.

8 Por lo cual les ruego que reafirmen *su* amor hacia él.

9 Pues también con este fin les escribí, para ponerlos a prueba y *ver* si son obedientes en todo.

OBSERVA

Uno de los miembros de la iglesia en Corinto le había causado gran dolor al apóstol Pablo; y como respuesta a esto, el apóstol reveló su corazón compasivo. Anota la evidencia del amor de Pablo y el ejemplo que él estableció cuando escribió a la iglesia, animando a los creyentes a perdonar al hombre que lo había lastimado.

Líder: Lee en voz alta 2 Corintios 2:5-11. Pide que el grupo diga y marque:
- *Toda referencia a la palabra **perdonar** con una X.*
- *Las referencias a la palabra **amor** con un corazón.*

DISCUTE

- ¿Qué aprendiste al marcar las referencias a perdonar en este pasaje?

- En cierto sentido, el perdonar es la medicina que ayuda a sanar los corazones rotos. Y, ¿por qué debe administrarse, según el versículo 7?

- Describe alguna ocasión en que algún conocido tuyo pecó; a quien además le haya sido extendido el perdón. ¿Qué diferencia hizo el perdón en su vida?

- ¿Por qué animó Pablo a los corintios a que reafirmaran su amor por el hombre que lo había lastimado? ¿Qué lograría ese comportamiento?

- De acuerdo con el versículo 11, ¿qué puede ocurrir cuando nos negamos a perdonar y amar?

[10] Pero a quien perdonen algo, yo también *lo perdono*. Porque en verdad, lo que yo he perdonado, si algo he perdonado, *lo hice* por ustedes en presencia de Cristo (el Mesías),

[11] para que Satanás no tome ventaja sobre nosotros, pues no ignoramos sus planes.

• ¿Puedes notar que mientras más comprendas la grandeza del perdón de Dios para contigo, más amarás? ¿Mientras más amas, más fácil te será perdonar? Recuerda, el perdón es un asunto de tu voluntad –se trata de escoger obedecer a Dios sin importar tus emociones. Cuando escoges andar de acuerdo con la Palabra de Dios, pronto verás que tus emociones se alinean también.

Líder: Si el tiempo lo permite, usa los siguientes minutos para pedir que el grupo vaya ante el Señor y le pida Su perdón por amar a otros de manera imperfecta y por mantener actitudes de no perdonar hacia quienes les hayan hecho mal.
Si no tienes suficiente tiempo para esto, anímales a que más tarde pasen tiempo en oración.

FINALIZANDO

El verdadero perdón a otros creará un amor que reemplazará el odio. Cuando hablamos de amor, no estamos hablando de "sentimientos cálidos imprecisos", sino acerca de una acción. "Amor" es un verbo de acción, y como "imitadores de Dios", debemos hacerlo "así como también Cristo les amó y se dio a sí mismo por nosotros, ofrenda y sacrificio a Dios, como fragante aroma." (Efesios 5:1-2).

Amar a alguien a quien hayas perdonado puede que te sea algo difícil, pero el verdadero perdón hará este sacrificio. El perdón y el amor son como gemelos siameses que comparten un solo corazón. ¡Jesús no te perdonó, para luego rechazar amarte o tener algo que ver contigo! Al contrario, Jesús *anhela* tener mayor comunión contigo. Él te perdona y te trata como si nunca hubieras pecado contra Él. De esta clase es el perdón de Dios, y tu perdón debe ser como el de Él. De acuerdo con esto, si tú dices que has perdonado a alguien -pero no quieres tener nada que ver con él- necesitas volver a Dios y preguntarle qué es lo que está evitándote amar a esa persona. "Si alguien dice: 'Yo amo a Dios' pero aborrece a su hermano, es un mentiroso. Porque el que no ama a su hermano, a quien ha visto, no puede amar a Dios a quien no ha visto. Y este mandamiento tenemos de Él: que el que ama a Dios, ame también a su hermano" (1 Juan 4:20-21).

Ahora que cerramos el estudio de esta semana, veamos una carta dirigida por un padre a su hijo ya adulto.

Querido hijo,

He pasado la mayor parte de mi vida mirando hacia atrás lamentándome por la decepción que les ocasioné a mis padres mientras continuaba tomando malas decisiones para mi vida, cuando el verdadero fuego por el que debí haber estado luchando estaba siendo descuidado. No estoy tratando de escapar de la responsabilidad cuando digo esto, pero aunque yo sabía diferenciar lo malo de lo bueno, yo era terriblemente inmaduro e ingenuo hasta el punto de ser incompetente.

Tú siempre has demostrado respeto por mí; siempre, aún cuando yo lo merecía tan poco. Con todos los logros que has obtenido en tu vida podrías escribir todo un libro. Tú siempre has estado dispuesto a compartir estos logros conmigo como si yo fuera de alguna manera una pieza clave en tu éxito, y yo aceptaría con agrado ese rol. Sin embargo, ambos sabemos que yo contribuí con muy poco. De hecho, tú hiciste estas cosas a pesar de mí, y no por mí. Yo nunca recibí la condenación que merecía de mi madre años atrás, y tampoco la recibí de ti.

Recientemente miré un montón de fotos viejas. Varias eran tuyas, y descubrí algo de lo que nunca me había dado cuenta. Las más antiguas eran de un muchacho descuidado, de pie junto al buzón de correo o frente de un viejo granero –sin cuidado del mundo. Las más recientes reflejaban algo diferente: tus ojos empezaron a mostrar ira y amargura. Sutil, pero incontrolablemente, la dulzura se iba secando como un espejismo del desierto, pero nunca te dejó por completo. Tú, como hombre joven que Satanás quería tan desesperadamente, nunca podrías dejar atrás la sombra de la cruz; indeleblemente estampada a lo largo de tu vida por las incesantes oraciones de una abuela que a duras penas recuerdas.

Hijo, pido ser aliviado de esta pesada deuda pidiéndote perdón; que ya lo he recibido, pero que nunca tuve la oportunidad de pedirte. Una última cosa, nunca hubo un tiempo, y nunca lo habrá, en que yo no te ame.

Papá

Este hijo había perdonado a su padre varios años antes. Y ese perdón le permitió mostrar respeto y amor hacia su padre. Ese amor y respeto contribuyeron a que el padre fuera capaz de escribir para pedirle al hijo su perdón. Este es un escenario familiar diferente del que vimos al inicio de nuestro estudio; esta familia experimentó el poder del perdón expresado en sus vidas –sus corazones fueron sanados, sus relaciones restauradas y sus lazos renovados y fortalecidos.

Solo el poder del perdón expresado puede hacer que suceda este tipo de restauración y sanidad. ¿Qué hay de ti? ¿Estás dispuesto a decir: "Dios, en obediencia sincera hacia Ti, quiero perdonar. ¡Ayúdame!"?

¿Es posible sobreponerse al pasado? Y si es así, ¿cómo hacerlo? Aunque no podemos cambiar lo que ocurrió en nuestras vidas, sí podemos cambiar su efecto en nosotros escogiendo perdonar.

Ahora que estamos llegando al final de este estudio, aprendamos qué pasos finales necesitamos dar para desatar el poder del perdón en nuestras vidas.

OBSERVA

Si te encuentras luchando con el concepto del perdón, especialmente a la luz del dolor que has soportado, dos preguntas deberán ser respondidas.

La primera pregunta es: "¿Realmente quieres sanar?" Esta pregunta podría parecerte algo extraña ¿verdad? Sin embargo, tu respuesta señalará una vital y necesaria verdad.

Líder: Lee en voz alta Juan 5:1-9. Pide que el grupo diga en voz alta y...

- *Marque toda referencia a **Jesús**, incluyendo los pronombres y sinónimos, con una cruz:* ✝
- *Subraye toda referencia al **hombre enfermo**, incluyendo los pronombres.*

DISCUTE

- ¿Qué aprendiste al marcar las referencias al hombre enfermo que Jesús encontró en este pasaje?

Juan 5:1-9

¹ Después de esto, se celebraba una fiesta de los Judíos, y Jesús subió a Jerusalén.

² Hay en Jerusalén, junto a la *Puerta de las Ovejas*, un estanque que en Hebreo se llama Betesda que tiene cinco pórticos.

³ En éstos estaba en el suelo una multitud de enfermos, ciegos, cojos y paralíticos que esperaban el movimiento del agua;

4 porque un ángel del Señor descendía de vez en cuando al estanque y agitaba el agua; y el primero que descendía al estanque después del movimiento del agua, quedaba curado de cualquier enfermedad que tuviera.

5 Estaba allí un hombre que hacía treinta y ocho años que estaba enfermo.

6 Cuando Jesús lo vio acostado *allí* y supo que ya llevaba mucho tiempo *en aquella condición*, le dijo: "¿Quieres ser sano?"

7 El enfermo Le respondió: "Señor, no tengo a nadie que me meta en el estanque cuando el agua es agitada; y mientras yo llego, otro baja antes que yo."

- Jesús le hizo una aparentemente rara pregunta al hombre enfermo, dado el tiempo que ese hombre había estado padeciendo. ¿Cuál fue la pregunta, y por qué piensas que Jesús preguntó eso?

- ¿Cómo respondió el hombre? ¿Respondió la pregunta de Jesús? Explica tu respuesta.

- ¿Qué hay de ti? ¿Cómo responderías si Jesús te hiciera la misma pregunta? No respondas en voz alta, solo piensa en esto.

• Ya que hemos mencionado el tema de si realmente quieres o no ser sanado, podría serte útil el escribir tus vacilaciones, temores y preguntas relacionadas a sanar las heridas de tu pasado. Más adelante podrás revisar cómo ha tratado Dios con ellas.

[8] Jesús le dijo: "Levántate, toma tu camilla y anda."

[9] Al instante el hombre quedó sano, y tomó su camilla y comenzó a andar. Pero aquel día era día de reposo.

Líder: Brinda tiempo para que tu grupo reflexione en esto.

OBSERVA

Si has respondido con un sí a esta pregunta; es decir, si realmente quieres ser sanado, la siguiente pregunta es: ¿Estás dispuesto a hacer lo que sea, para sanar según los términos de Dios? En otras palabras, ¿estás dispuesto a perdonar, o estás decidido a tratar de encontrar sanidad a tu manera y en tus propios términos?

Ya hemos visto varias veces Efesios 4:31-32; sin embargo, consideremos una vez más este poderoso pasaje, a la luz de las preguntas que estamos haciendo.

Efesios 4:31–32

31 Sea quitada de ustedes toda amargura, enojo, ira, gritos, insultos, así como toda malicia.

32 Sean más bien amables unos con otros, misericordiosos, perdonándose unos a otros, así como también Dios los perdonó en Cristo.

Hebreos 12:15

15 Cuídense de que nadie deje de alcanzar la gracia de Dios; de que ninguna raíz de amargura, brotando, cause dificultades y por ella muchos sean contaminados.

Líder: Lee en voz alta Efesios 4:31-32 y Hebreos 12:15.

- *Pide que el grupo dibuje una línea ondulada bajo amargura y raíz de amargura, como ésta* ∿∿∿

DISCUTE

- ¿Qué aprendiste de marcar las referencias a la amargura?

- De estos pasajes ¿qué aprendiste acerca de la responsabilidad del creyente con respecto a la amargura?

- ¿Qué debe "quitar" el creyente, de acuerdo con Efesios 4:31?

- Habiendo dejado de lado estas cosas, entonces ¿qué está supuesto a hacer el creyente?

- ¿Cuál es la relación entre las características descritas en los versículos 31 y 32?

OBSERVA

Líder: Lee el Salmo 139:23-24. Pide que el grupo diga en voz alta y...
* *Subraye toda referencia al salmista incluyendo sus pronombres.*
* *Marque toda referencia a **Dios** con un triángulo así:*

23 Escudríñame, oh Dios, y conoce mi corazón; Pruébame y conoce mis inquietudes.

24 Y ve si hay en mí camino malo, Y guíame en el camino eterno.

DISCUTE

* ¿A quién se está refiriendo el salmista?

* Basado en lo que observaste al marcar lo referente al salmista, ¿qué está preguntando el salmista? Lista cada petición.

* ¿Creía el salmista que Dios era capaz de hacer esto?

- ¿Podríamos sugerirte que tomes tiempo a solas con el Señor y le pidas a Dios que haga lo mismo por ti? Si has dejado algo sin tratar en el pasado, y necesitas tratar con ello, Dios puede traerlo a la luz. La parte más dura de esto es la decisión de pedírselo a Él.

No estamos diciendo que necesites descubrir cosas que el Señor ya te haya hecho olvidar. Sin embargo, como creyentes deberíamos estar abiertos a permitir que Dios exponga cualquier falta de perdón en nuestras vidas, para que el bálsamo sanador de Galaad pueda ser aplicado. Cuando Dios revela esos pensamientos de ansiedad y esos caminos dolorosos, Él lo hace para poder ayudarte en tu proceso de sanidad. Así que, cuando Dios te revele este tipo de cosas, por favor no las descartes o asumas que ya has tratado con ellas. Él te las estará mostrando porque puede que simplemente las hayas negado o las hayas cubierto, y sigan allí escondiéndose.

Debes saber y recordar esto: Él es el omnisciente; es Quien te conoce mejor de lo que tú mismo te conoces. Y estas cosas deben ser tratadas para poder empezar tu proceso de sanidad.

Recuerda, Él es un Dios que te ama y busca tu mayor bienestar.

¿Estás dispuesto a orar y pedirle a Dios que haga esto? (Esto no necesita ser contestado en voz alta).

OBSERVA

Líder: Lee Filipenses 3:13-14 e Isaías 43:18-19, 25. Pide que el grupo diga en voz alta y...

* Dibuje una marca como ésta ↶ sobre las frases **lo que queda atrás, las cosas anteriores, y las cosas del pasado**.
* Dibuje una nube como ésta ☁ sobre las palabras **olvidando, no recuerden, y ni consideren**.

DISCUTE

* De acuerdo con estos pasajes, ¿qué deben hacer los creyentes con respecto al pasado?

Filipenses 3:13–14

13 Hermanos, yo mismo no considero haberlo ya alcanzado. Pero una cosa *hago*: olvidando lo que *queda* atrás y extendiéndome a lo que *está* delante,

14 prosigo hacia la meta para *obtener* el premio del supremo llamamiento de Dios en Cristo Jesús.

Isaias 43:18–19, 25

18 "No recuerden las cosas anteriores Ni consideren las cosas del pasado.

19 Yo hago algo nuevo, Ahora acontece; ¿No lo perciben? Aun en los desiertos haré camino Y ríos en los lugares desolados.

25 Yo, Yo soy el que borro tus transgresiones por amor a Mí mismo, Y no recordaré tus pecados.

• De acuerdo con Filipenses 3:13-14, ¿qué más determinó Pablo hacer, que podamos seguir como ejemplo?

ACLARACIÓN

La frase *prosigo* conlleva la idea de esfuerzo intenso. Los griegos usaban esta palabra para describir a un cazador persiguiendo afanosamente a su presa. Un hombre no se convierte en un atleta ganador escuchando conferencias, mirando películas, leyendo libros o haciendo barra en los juegos. Un hombre se convierte en un ganador entrando en el juego y determinándose a ganarlo. De la misma manera, tú debes proseguir; determinado a sobreponerte al pasado.

• Discute cómo afectaría a tu vida el entendimiento de estas poderosas verdades. ¿Cuáles son algunos pasos prácticos que podrías dar, cuando los dolorosos recuerdos del pasado intenten acosar tu mente?

OBSERVA

La semana pasada vimos la perspectiva de Pablo en 2 Corintios 2, al estudiar su ejemplo de compasión por un hombre que le había causado gran daño. Veamos otra vez este mismo pasaje, considerando ahora la perspectiva de la iglesia y cómo le afectaría la falta de perdón.

Muchos estudiosos creen que 2 Corintios 2 está conectado con 1 Corintios 5:1, donde Pablo amonestó a la iglesia en Corinto a castigar al hombre que abiertamente había estado viviendo en pecado. La iglesia aparentemente había seguido sus instrucciones, resultando esto en el arrepentimiento del ofensor. La iglesia, sin embargo, parece haber rehusado recibir de regreso a ese hombre.

Líder: Pide que el grupo lea
2 Corintios 2:5-11 y...
  • *Subraye toda referencia a tal **persona**, incluyendo sus pronombres.*
  • *Encierre en un círculo cada vez que aparezca **ustedes** o referencias a ellos.*
  • *Marque toda referencia a **perdonar** con una* **X**.

DISCUTE

  • ¿Qué aprendiste de marcar las referencias al ofensor?

2 Corintios 2:5-11

5 Pero si alguien ha causado tristeza, no me *la* ha causado a mí, sino hasta cierto punto, para no exagerar, a todos ustedes.

6 Es suficiente para tal *persona* este castigo que *le fue impuesto* por la mayoría;

7 así que, por el contrario, ustedes más bien debieran perdonar*lo* y consolar*lo*, no sea que en alguna manera éste sea abrumado por tanta tristeza.

8 Por lo cual les ruego que reafirmen *su* amor hacia él.

9 Pues también con este fin les escribí, para ponerlos a prueba y *ver* si son obedientes en todo.

¹⁰ Pero a quien perdonen algo, yo también *lo perdono*. Porque en verdad, lo que yo he perdonado, si algo he perdonado, *lo hice* por ustedes en presencia de Cristo (el Mesías),

¹¹ para que Satanás no tome ventaja sobre nosotros, pues no ignoramos sus planes.

- A parte de Pablo, ¿a quién más le había ocasionado problemas el ofensor?

- ¿Qué instruyó Pablo que hiciera a la iglesia de Corinto, con respecto al ofensor?

- Según lo que hemos visto, ¿demandó Pablo una disculpa pública o una personal?

- ¿Qué indica este pasaje, acerca de la actitud de Pablo para con el ofensor?

- Según lo que Pablo escribió, ¿qué actitud parecía tener la iglesia hacia el ofensor?

- Muchos de nosotros parecemos ofendernos fácilmente. Y cuando otros se escandalizan por alguna ofensa que hayamos soportado, tendemos a animar su indignación asumiendo el papel de mártires. Nuestra tendencia natural es sentirnos justificados respecto a buscar que el ofensor sufra y pague. Y, ¿qué hay de ti? ¿Te ofendes fácilmente? ¿Disfrutas cuando otros se escandalizan a tu favor y se ponen de tu lado? Si respondiste sí a estas preguntas, determínate hoy mismo a responder como Pablo lo hizo; para que puedas estar listo cuando enfrentes nuevamente la oportunidad de tomar revancha.

Líder: Si el tiempo lo permite, invita a alguien del grupo a describir una situación en la que haya animado a otros a compartir su indignación por sentirse ofendido –junto con la forma en que ahora manejaría una situación similar en el futuro.

• En el versículo 11, ¿qué razón da Pablo para urgirle a la iglesia a perdonar?

• Discute algunas maneras en que la falta de perdón podría jugar un papel fundamental en las artimañas de Satanás.

• Pablo demostró la maravillosa virtud del verdadero amor en acción, rehusándose a tomar revancha o permitirle a otros hacerlo en su favor: El "[Amor] no toma en cuenta el mal recibido" (1 Corintios 13:4-5). Discute cómo impactaría no solo a la iglesia, sino también al mundo, si todos los creyentes se determinaran a seguir su ejemplo.

Lucas 23:33–34

³³ Cuando llegaron al lugar llamado 'La Calavera,' crucificaron allí a Jesús y a los malhechores, uno a la derecha y otro a la izquierda.

³⁴ Y Jesús decía: "Padre, perdónalos, porque no saben lo que hacen." Y los soldados echaron suertes, repartiéndose entre sí Sus vestidos.

Hechos 7:59–60

⁵⁹ Y mientras lo apedreaban, Esteban invocaba *al Señor* y decía: "Señor Jesús, recibe mi espíritu."

⁶⁰ Cayendo de rodillas, clamó en alta voz: "Señor, no les tomes en cuenta este pecado." Habiendo dicho esto, durmió (expiró).

OBSERVA

Ahora que llevamos este estudio a su término, veamos otros dos ejemplos de quienes escogieron el perdón en lugar de la amargura; enfrentando incluso una grave injusticia.

Líder: Lee Lucas 23:33-34 y Hechos 7:59-60).
  • *Pide que el grupo marque las palabras* **perdónalos** *y* **no les tomes en cuenta** *con una* **X**.

DISCUTE

• ¿Cuáles fueron las últimas palabras de Jesús? Y, ¿cuáles fueron las últimas palabras de Esteban?

• ¿Cómo se compara lo que ellos sufrieron, con la injusticia y dolor que tú has soportado?

• Discute lo que has aprendido de Pablo, Jesús y Esteban, y cómo podrías aplicar sus ejemplos de perdón a tu propia vida.

FINALIZANDO

¿Realmente quieres ser sanado? ¿Estás dispuesto a hacer lo que sea para sanar según los términos de Dios? Estas preguntas no tienen la intención de ofenderte, sino procurar tu mayor bienestar.

Algunas personas aman sus heridas, sus ofensas y su enfermedad. ¿Por qué? Porque algunos han descubierto que su debilidad atrae sobre ellos atención y pena. Así que se glorían en mostrar sus aflicciones y dolencias ante otros. Incluso podrían experimentar cierto retorcido consuelo al ver a quienes les ocasionaron sus heridas siendo despreciados por otros. ¿Cómo podrían ellos exigir revancha, si permitieran ser sanadas sus heridas?

Otros se aferran a sus heridas para excusar en lo que se han convertido; como justificación de sus defectos y fracasos. Ellos mantienen la mentalidad de: "Yo soy lo que soy por lo que he sufrido. ¡Así que no esperes nada más de mí!" Al ser sanados perderían sus excusas y ¡tendrían que hacerse responsables de ser lo que deberían ser!

Algunas personas están más interesadas en sentirse enojadas con Dios, que en experimentar el ser como Él quiere que sean. Ellas están envueltas en sí mismas y no quieren renunciar a ese control; no quieren correr el riesgo de sentirse obligados para con Dios, respecto a lo que Él quiere que sean.

Otros temen el cambio; pues simplemente no sabrían cómo vivir si fueran sanados. En cierta forma se sienten "cómodos" viviendo con su dolor, pues así saben cómo vivir y qué esperar. Temen a lo desconocido, y a tener que aprender nuevas formas de vivir.

Muchos simplemente están tan enojados, tan amargados, tan desdichados, tan desmoralizados y tan insensibilizados que el experimentar sentimientos parece algo completamente imposible e impensable.

Pero, ¡hay esperanza para todos ellos! Nadie que verdaderamente desee ser libre tendrá que permanecer encadenado para siempre a las cadenas de la amargura y la ira. Y tú, ¿realmente quieres ser sanado? ¿Estás dispuesto a hacer lo que sea, para sanar según los términos de Dios? Si tu respuesta es sí, entonces el Señor está listo "Para traer buenas nuevas a los afligidos. Me ha enviado para vendar a los quebrantados de corazón, Para proclamar libertad a los cautivos Y liberación a los prisioneros" (Isaías 61:1).

Tómate esta semana para ir ante el Señor y seguir, uno a uno, los pasos necesarios para empezar tu proceso de sanidad. Podría serte difícil al principio, pero los resultados traerán ¡una gran transformación a tu vida!

Solo al desatar el poder del perdón en tu vida serás capaz de cumplir efectivamente los planes y propósitos que Él tiene preparados para ti.

Esta singular serie de estudios bíblicos del equipo de enseñanza de Ministerios Precepto Internacional, aborda temas con los que luchan las mentes investigadoras; y lo hace en breves lecciones muy fáciles de entender e ideales para reuniones de grupos pequeños. Estos cursos de estudio bíblico, de la serie 40 minutos, pueden realizarse siguiendo cualquier orden. Sin embargo, a continuación te mostramos una posible secuencia a seguir:

¿Cómo Sabes que Dios es Tu Padre?

Muchos dicen: "Soy Cristiano"; pero, ¿cómo pueden saber si Dios realmente es su Padre—y si el cielo será su futuro hogar? La epístola de 1 Juan fue escrita con este propósito—que tú puedas saber si realmente tienes la vida eterna. Éste es un esclarecedor estudio que te sacará de la oscuridad y abrirá tu entendimiento hacia esta importante verdad bíblica.

Cómo Tener una Relación Genuina con Dios

A quienes tengan el deseo de conocer a Dios y relacionarse con Él de forma significativa, Ministerios Precepto abre la Biblia para mostrarles el camino a la salvación. Por medio de un profundo análisis de ciertos pasajes bíblicos cruciales, este esclarecedor estudio se enfoca en dónde nos encontramos con respecto a Dios, cómo es que el pecado evita que lo conozcamos y cómo Cristo puso un puente sobre aquel abismo que existe entre los hombres y su Señor.

Ser un Discípulo: Considerando Su Verdadero Costo

Jesús llamó a Sus seguidores a ser discípulos. Pero el discipulado viene con un costo y un compromiso incluido. Este estudio da una mirada inductiva a cómo la Biblia describe al discípulo, establece las características de un seguidor de Cristo e invita a los estudiantes a aceptar Su desafío, para luego disfrutar de las eternas bendiciones del discipulado.

¿Vives lo que dices?

Este estudio inductivo de Efesios 4 y 5, está diseñado para ayudar a los estudiantes a que vean, por sí mismos, lo que Dios dice respecto al estilo de vida de un verdadero creyente en Cristo. Este estudio los capacitará para vivir de una manera digna de su llamamiento; con la meta final de desarrollar un andar diario con Dios, caracterizado por la madurez, la semejanza a Cristo y la paz.

Viviendo Una Vida de Verdadera Adoración

La adoración es uno de los temas del cristianismo peor entendidos; y este estudio explora lo que la Biblia dice acerca de la adoración: ¿qué es? ¿Cuándo sucede? ¿Dónde ocurre? ¿Se basa en las emociones? ¿Se limita solamente a los domingos en la iglesia? ¿Impacta la forma en que sirves al Señor? Para éstas, y más preguntas, este estudio nos ofrece respuestas bíblicas novedosas.

Descubriendo lo que nos espera en el futuro

Con todo lo que está ocurriendo en el mundo, las personas no pueden evitar cuestionarse respecto a lo que nos espera en el futuro. ¿Habrá paz alguna vez en la tierra? ¿Cuánto tiempo vivirá el mundo bajo la amenaza del terrorismo? ¿Hay un horizonte con un solo gobernante mundial? Esta fácil guía de estudio conduce a los lectores a través del importante libro de Daniel; libro en el que se establece el plan de Dios para el futuro.

Cómo Tomar Decisiones Que No Lamentarás

Cada día nos enfrentamos a innumerables decisiones; y algunas de ellas pueden cambiar el curso de nuestras vidas para siempre. Entonces, ¿a dónde acudes en busca de dirección? ¿Qué debemos hacer cuando nos enfrentamos a una tentación? Este breve estudio te brindará una práctica y valiosa guía, al explorar el papel que tiene la Escritura y el Espíritu Santo en nuestra toma de decisiones.

Dinero y Posesiones: La Búsqueda del Contentamiento

Nuestra actitud hacia el dinero y las posesiones reflejará la calidad de nuestra relación con Dios. Y, de acuerdo con las Escrituras, nuestra visión del dinero nos muestra dónde está descansando nuestro verdadero amor. En este estudio, los lectores escudriñarán las Escrituras para aprender de dónde proviene el dinero, cómo se supone que debemos manejarlo y cómo vivir una vida abundante, sin importar nuestra actual situación financiera.

Cómo puede un hombre Controlar Sus Pensamientos, Deseos y Pasiones

Este estudio capacita a los hombres con la poderosa verdad de que Dios ha provisto todo lo necesario para resistir la tentación; y lo hace, a través de ejemplos de hombres en las Escrituras, algunos de los cuales cayeron en pecado y de otros que se mantuvieron firmes. Aprende cómo escoger el camino de pureza, para tener la plena confianza de que, a través del poder del Espíritu Santo y la Palabra de Dios, podrás estar algún día puro e irreprensible delante de Dios.

Viviendo Victoriosamente en Tiempos Difíciles

Vivimos en un mundo decadente poblado por gente sin rumbo, y no podemos escaparnos de la adversidad y el dolor. Sin embargo, y por alguna razón, los difíciles tiempos que se viven actualmente son parte del plan de Dios y sirven para Sus propósitos. Este valioso estudio ayuda a los lectores a descubrir cómo glorificar a Dios en medio del dolor; al tiempo que aprenden cómo encontrar gozo aun cuando la vida parezca injusta, y a conocer la paz que viene al confiar en el Único que puede brindar la fuerza necesaria en medio de nuestra debilidad.

Edificando un Matrimonio que en Verdad Funcione

Dios diseñó el matrimonio para que fuera una relación satisfactoria y realizadora; creando a hombres y mujeres para que ellos—juntos y como una sola carne—pudieran reflejar Su amor por el mundo. El matrimonio, cuando es vivido como Dios lo planeó, nos completa, nos trae gozo y da a nuestras vidas un fresco significado. En este estudio, los lectores examinarán el diseño de Dios para el matrimonio y aprenderán cómo establecer y mantener el tipo de matrimonio que trae gozo duradero.

Cómo se Hace un Líder al Estilo de Dios

¿Qué espera Dios de quienes Él coloca en lugares de autoridad? ¿Qué características marcan al verdadero líder efectivo? ¿Cómo puedes ser el líder que Dios te ha llamado a ser? Encontrarás las respuestas a éstas, y otras preguntas, en este poderoso estudio de cuatro importantes líderes de Israel—Elí, Samuel, Saúl y David—cuyas vidas señalan principios que necesitamos conocer como líderes en nuestros hogares, en nuestras comunidades, en nuestras iglesias y finalmente en nuestro mundo.

Elementos Básicos de la Oración Efectiva.

Esta perspectiva general de la oración te guiará a una vida de oración con más fervor a medida que aprendes lo que Dios espera de tus oraciones y qué puedes esperar de Él. Un detallado examen del Padre Nuestro, y de algunos importantes principios obtenidos de ejemplos de oraciones a través de la Biblia, te desafiarán a un mayor entendimiento de la voluntad de Dios, Sus caminos y Su amor por ti mientras experimentas lo que significa verdaderamente el acercarse a Dios en oración.

Cómo se Hace un Líder al Estilo de Dios

¿Qué espera Dios de quienes Él coloca en lugares de autoridad? ¿Qué características marcan al verdadero líder efectivo? ¿Cómo puedes ser el líder que Dios te ha llamado a ser? Encontrarás las respuestas a éstas, y otras preguntas, en este poderoso estudio de cuatro importantes líderes de Israel—Elí, Samuel, Saúl y David— cuyas vidas señalan principios que necesitamos conocer como líderes en nuestros hogares, en nuestras comunidades, en nuestras iglesias y finalmente en nuestro mundo.

¿Qué Dice la Biblia Acerca del Sexo?

Nuestra cultura está saturada de sexo, pero muy pocos tienen una idea clara de lo que Dios dice acerca de este tema. En contraste a la creencia popular, Dios no se opone al sexo; únicamente, a su mal uso. Al aprender acerca de las barreras o límites que Él ha diseñado para proteger este regalo, te capacitarás para enfrentar las mentiras del mundo y aprender que Dios quiere lo mejor para ti.

Principios Clave para el Ayuno Bíblico

La disciplina espiritual del ayuno se remonta a la antigüedad. Sin embargo, el propósito y naturaleza de esta práctica a menudo es malentendida. Este vigorizante estudio explica por qué el ayuno es importante en la vida del creyente promedio, resalta principios bíblicos para el ayuno efectivo, y muestra cómo esta poderosa disciplina lleva a una conexión más profunda con Dios.

Acerca De Ministerios Precepto Internacional

Ministerios Precepto Internacional fue levantado por Dios para el solo propósito de establecer a las personas en la Palabra de Dios para producir reverencia a Él. Sirve como un brazo de la iglesia sin ser parte de una denominación. Dios ha permitido a Precepto alcanzar más allá de las líneas denominacionales sin comprometer las verdades de Su Palabra inerrante. Nosotros creemos que cada palabra de la Biblia fue inspirada y dada al hombre como todo lo que necesita para alcanzar la madurez y estar completamente equipado para toda buena obra de la vida. Este ministerio no busca imponer sus doctrinas en los demás, sino dirigir a las personas al Maestro mismo, Quien guía y lidera mediante Su Espíritu a la verdad a través de un estudio sistemático de Su Palabra. El ministerio produce una variedad de estudios bíblicos e imparte conferencias y Talleres Intensivos de entrenamiento diseñados para establecer a los asistentes en la Palabra a través del Estudio Bíblico Inductivo.

Jack Arthur y su esposa, Kay, fundaron Ministerios Precepto en 1970. Kay y el equipo de escritores del ministerio producen estudios **Precepto sobre Precepto,** Estudios **In & Out**, estudios de la **serie Señor**, estudios de la **Nueva serie de Estudio Inductivo**, estudios **40 Minutos** y **Estudio Inductivo de la Biblia Descubre por ti mismo para niños.** A partir de años de estudio diligente y experiencia enseñando, Kay y el equipo han desarrollado estos cursos inductivos únicos que son utilizados en cerca de 185 países en 70 idiomas.

Movilizando
Estamos movilizando un grupo de creyentes que "manejan bien la Palabra de Dios" y quieren utilizar sus dones espirituales y talentos para alcanzar 10 millones más de personas con el estudio bíblico inductivo para el año 2015. Si compartes nuestra pasión por establecer a las personas en la Palabra de Dios, te invitamos a leer más. Visita **www.precept.org/Mobilize** para más información detallada.

Respondiendo Al Llamado
Ahora que has estudiado y considerado en oración las escrituras, ¿hay algo nuevo que debas creer o hacer, o te movió a hacer algún cambio en tu vida? Es una de las muchas cosas maravillosas y sobrenaturales que

resultan de estar en Su Palabra – Dios nos habla.

En Ministerios Precepto Internacional, creemos que hemos escuchado a Dios hablar acerca de nuestro rol en la Gran Comisión. Él nos ha dicho en Su Palabra que hagamos discípulos enseñando a las personas cómo estudiar Su Palabra. Planeamos alcanzar 10 millones más de personas con el Estudio Bíblico Inductivo para el año 2015.

Si compartes nuestra pasión por establecer a las personas en la Palabra de Dios, ¡te invitamos a que te unas a nosotros! ¿Considerarías en oración aportar mensualmente al ministerio? Hemos hecho las cuentas y por cada $2 que aportes, podremos alcanzar una persona con este estudio que cambia vidas. Si ofrendas en línea en **www.precept.org/ATC**, ahorramos gastos administrativos para que tus dólares alcancen a más gente. Si aportas mensualmente como una ofrenda mensual, menos dólares van a gastos administrativos y más van al ministerio.
Por favor ora acerca de cómo el Señor te podría guiar a responder el llamado.

COMPRA CON PROPÓSITO

Cuando compras libros, estudios, audio y video, por favor cómpralos de Ministerios Precepto a través de nuestra tienda en línea (**http://store.precept.org/**) o en la oficina de Precepto en tu país. Sabemos que podrías encontrar algunos de estos materiales a menor precio en tiendas con fines de lucro, pero cuando compras a través de nosotros, las ganancias apoyan el trabajo que hacemos:

• Desarrollar más estudios bíblicos inductivos
• Traducir más estudios en otros idiomas
• Apoyar los esfuerzos en 185 países
• Alcanzar millones diariamente a través de la radio y televisión
• Entrenar pastores y líderes de estudios bíblicos alrededor del mundo
• Desarrollar estudios inductivos para niños para comenzar su viaje con Dios
• Equipar a las personas de todas las edades con las habilidades es estudio bíblico que transforma vidas

Cuando compras en Precepto, ¡ayudas a establecer a las personas en la Palabra de Dios!

Printed in the USA
CPSIA information can be obtained
at www.ICGtesting.com
LVHW021239081024
793246LV00013B/684

9 781621 190196